走りがグンと軽くなる

金哲彦のランニング・メソッド

完全版

著 金哲彦

THE RUNNING METHOD

BY TETSUHIKO KIN

高橋書店

走るって気持ちいい！

ランニングを始める前から、「走るのはつらい」と思った経験はありませんか？

それはふだんの生活でカラダを動かす機会を失い、楽しく走り回っていた子どものころの感覚を忘れて、運動が〝非日常〟になってしまっていることが原因でしょう。

本書では、ランニング本来の楽しさを堪能するために、カラダが軽く感じられて、しかもなかなか疲れない走り方を紹介します。といっても、何も難しいことはありません。なにしろランニングはだれにでもできる運動です。ちょっとしたコツを覚えるだけで、皆さんの走りはグングン上達していきます。同時に走ることの気持ちよさ、楽しさをはっきり感じられるようになります。

本書で最初にやるべきことは〝立つ〟と〝歩く〟です。ですから、運動経験がない人や体力がない人でも、充分理解し実践できる内容となっています。

あとは、本書を開き、あなた自身が第一歩を踏み出すだけです！

THE RUNNING METHOD
INTRODUCTION

MERITS
疲れにくく
なる
脳が
活性化する
ストレス
解消できる
姿勢が
美しくなる
ポジティブ
になる

体脂肪燃焼だけじゃない
走ることのメリット

健康やダイエットを目的に、ランニングを始める人は多いと思います。

長時間の有酸素運動による脂肪燃焼や、走ることによる心肺機能向上、筋力アップによる基礎代謝の増進はとてもよく知られた効果です。このほかにも走っている最中の血流増加と全身運動による血行の改善など、健康やダイエットに直結するさまざまなメリットがあります。

さらに、健康を妨げたり、肥満を増大させたりする原因となるストレス。これも走ることで発散できます。しばらく走っていると頭がスーッと軽くなる感覚が得られ、悩みや考えごともどこかに飛んでいく……こんな効果も得られるのがランニングなのです。身体機能の改善には多少の時間がかかりますが、ストレス解消は走ってみればすぐに実感できます。これから走り始める人は、まずはこの感覚を味わってみてください。

そして計画的にランニングをすることで、毎日を有意義に過ごせるようにもなります。

人間はその昔、走り回って狩りをし、生活していました。ですから人間の骨格や筋肉は走るため、歩くためにつくられているともいえます。つまり走るということは、人間の動作の基本なのです。

じつは、楽しくて走り回っていた子どものころは、みな、ランニングの理想的なフォームにかなり近い動きをしています。だれに教わったわけでもないのに、なぜ、自然にきれいなフォームで走ることができるのでしょうか？　その答えは簡単です。子どもは筋力がなく、骨格にも変なクセがついていないので、大人と違ってよけいな部分に力が入ったり、カラダのクセによってフォームが乱れたりすることが少ないからです。だからカラダは、動きやすい方向に自然に動いていくのです。

ランニングの理想は、カラダが本来持っている性能を活かした走り方をすること。つまり、これから紹介する走りのコツは、仕事や家事でついたカラダのクセを正し、〝子どものころの走り方に戻す〟だけのことなんです。

正しい動きさえできれば
だれでもラクに
長く走れる

THE RUNNING METHOD
INTRODUCTION

INTRO
DUCTION
1

まずはカラダの「機能」を目覚めさせよう

ランニングは、正しいフォームで自分のペースを守りさえすれば、心地よく「疲れた」と感じることはあっても「つらい」と感じることはありません。しかし「つらいけど健康のために頑張っている」という人が大勢いるのも事実です。なぜ「つらい」と感じてしまうのか？　その原因は〝カラダを眠らせたまま走っている〟からです。

●長時間同じ体勢で仕事などをすることが多いため、カラダに変なクセがつき、バランスよく各部位を動かせない

●運動する機会が減ったため、心臓や肺の機能が低下して血の巡りも悪くなり、体力が低下している

●歩くことすら少なくなったために筋肉が萎縮し、たまに動くとすぐに筋肉痛になってしまう

これらに思い当たることはありませんか？　まずはこれらの機能を元に戻すために、カラダを目覚めさせることから始めましょう。それからランニングをスタートすれば、つらい思いをすることはなくなります。

現代人のカラダは眠っています！

［ ランニングに必要な機能 ］

カラダのバランス

ウェイクアップ・メソッド（16ページ参照）やウォーキングなどで、人間が本来持っているカラダのバランスを取り戻していきましょう。バランスがよくなれば、走りが上達するだけでなく、姿勢やスタイルも改善されます

心肺機能

運動のブランクが長いと、心肺機能は著しく低下します。そういう人は、いきなり走り始めずに、最初はきれいなフォームでのウォーキングから覚え、ランニングの基本と基礎体力を身につけましょう

筋肉

筋力も心肺機能と同様に落ちますが、ウェイクアップ・メソッドとランニングで取り戻せます。マラソン選手を見ればわかるように、ランニングに適した筋肉は細くしなやかなので、走れば走るほどしなやかで、美しいカラダになります

《 機能が「目覚めている」人の走り 》

筋肉や関節がスムーズに動かせるようになっているので、ちょっとしたコツを覚えるだけで、長時間でもラクに見た目にも美しく走れるようになります

《 機能が「眠ったまま」の人の走り 》

カラダの各部位の動きが小さく、伸びやかさがありません。しかも動きもバラバラで、心肺機能も低下しているために、短い時間でもすぐにバテてしまいます

INTRO
DUCTION
2

5秒で実感！正しいカラダの使い方

カラダを正しいバランスでうまく使えば、ラクにきれいに走れます。すぐできる正しいカラダの使い方のポイントを紹介しますので、その場で実感してみてください。

まずはカラダの基盤となる〝体幹〟と〝重心〟について知りましょう。カラダのバランスをとるには、重心が正しい位置にしっかり定まっている必要があります。正しい位置に収まっていると、ピシッとカラダに線が通ったような、きれいな立ち方ができるようになります。しかし、それがズレると、少しの衝撃でカラダがグラグラと揺れてしまうのです。

続いて呼吸です。カラダを正しく使っていると、呼吸もラクになります。深い呼吸には精神を落ち着かせる作用があるので、ランニング中もしっかりとした呼吸ができないと、すぐに緊張してカラダがこわばってしまいます。

左ページで紹介する動きを実際に行ってみて、正しいカラダの使い方を感じてみましょう。

**今、その場で
試してみてください**

［ 本書を持ったまま試してみよう ］

《 正しい重心 》

肩を上下するだけでも、重心は変わります。うまく実感できなかった人は、電車の中で“肩を上げたとき”と“下ろしたとき”でどれくらい揺れ方が変わるかを感じてみましょう

✕ 肩を上げてカラダを揺らすと、上半身だけでなく下半身までグラグラ揺れるはずです

○ まっすぐ立ち肩を下げれば、カラダを揺らしてもグッと安定します

《 カラダを使った呼吸 》

ふだんから意識していないとなかなか気づかないと思いますが、呼吸にもコツがあります。運動中に深い呼吸ができるようになるだけで、疲労感にも大きな差が出ます

▼下を向いて息を吸い込みます。「これ以上吸えない」というところまで吸い込んでください

▶息を吐かずにそのまま顔を前に向け、背中の筋肉を引き寄せるようにして胸を開いてみてください。すると再び息を吸えるようになり、深い呼吸が可能になります

走りがグンと軽くなる
金哲彦のランニング・メソッド［完全版］

CONTENTS

INTRODUCTION

chapter 1 いきなりカラダが軽くなる! 金哲彦のランニング・メソッド

chapter 走りの悩みを一発解消!

4 金哲彦のランナーズ・ボディケア

STAFF

デザイン
大久保裕文＋小渕映理子（Better Days）

DTP
有限会社エムアンドケイ

写真撮影
松橋晶子

モデル
美月（Booze）・HAL（BARK in STYLe）

ヘア＆メイク
yuto

スタイリスト
飯島かずみ

イラスト
千野エー・内山弘隆

CG制作
佐藤眞一（3D人体動画制作センター）

編集＆執筆協力
長島恭子

校正
株式会社鴎来堂

chapter 1

いきなりカラダが軽くなる!

金哲彦の ランニング・メソッド

THE RUNNING METHOD

RUNNING METHOD 1

ランニングを始める前に

眠っているカラダを起こそう

ランニングを始めたばかりの人や、これから始めようとしている人の中には「走るのはつらいけれど、健康のためにはやらなければ」――と考えている人が少なくないと思います。

つらさの原因はスタミナ不足や走り方などさまざまですが、それ以前に、**準備運動でカラダを〝目覚めさせて〟いない**ため、すぐに疲れてしまい、つらさを感じている人が大勢います。

そこで一度、しっかり準備運動を行い、いかにカラダが軽くなるかを実感してみましょう。カラダが軽くなれば当然、走りも軽く感じられます。つまり**準備運動こそが、本書で紹介したい、羽の生えたような軽やかな走りの第一歩となる**わけです。

このあと、準備運動として非常に有効な、ウェイクアップ・メソッドを紹介します。**関節編、ストレッチ編、バランスアップ編と順に行ってください。**

走り方を覚える前に、準備運動をしてカラダの軽さを実感し、走ることへの不安を解消しておきましょう。

［ こんな不安は解消できる ］

**本書で紹介する走り方を実践しながらランニングを続けていけば、
以下のような不安は自然と解消できます。**

すぐに疲れる……

筋肉は、カラダへの衝撃を和らげたり跳ね返したりするバネの役割を担っています。そのため筋肉量が少ないと、カラダのどこかに痛みや疲れが出てきてしまいます

息が長く続かない

運動から遠ざかっていると、心臓や肺などの機能は低下します。そのため全身に血液が巡りにくく、息もすぐに上がってしまい、長い距離を走れません

走り方がわからない

ほとんどの人は走り方を本格的に教わった経験がないため、自己流になりがちです。そして、たいていバランスが悪かったり、無理なカラダの使い方をしたりしているために、疲れやすく障害も起こしやすいのです

Check!

ウェイクアップ・メソッドは
動画でも
確認できるので、
ＱＲコードを読み取って
ぜひご覧ください

簡単、速効！

WAKE UP METHOD

関節編

硬くなっている関節を柔らかくする

運動の習慣が少ないと関節の可動範囲はせばまり、動きもぎこちなくなります。いわば〝潤滑油の切れた機械〟のような動きになりがちなので、あらかじめカラダを動きやすい状態にしておきましょう。

ひとつの種目にかける時間は「イチ、ニッ、サン、……」と、1から8までやや速くカウントするくらいで充分です。かかる時間の目安は1分半〜2分くらいですが、不安な人は長めにやるといいでしょう。

1 手首足首回し

手首と足首を軽く回し、ほぐします。反対側も同様に

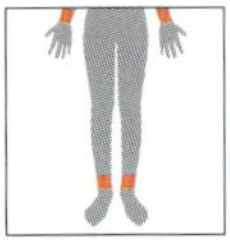

左右各8カウント

2 ひざ回し

中腰になり、ひざに手を当ててゆっくり回します。逆回しも同様に

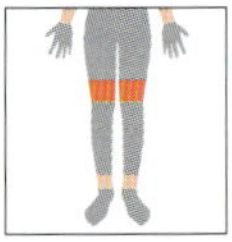

各8カウント

3 屈伸

ひざの曲げ伸ばしを行います。ひざや足首の動き、太ももの筋肉をほぐします

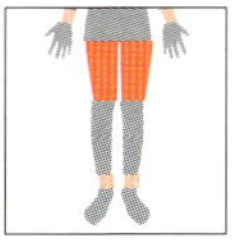

8
カウント

4 浅く伸脚

腰を軽く落として、伸脚を行います。太ももからひざにかけての関節や筋肉をほぐします

左右各
8
カウント

5 深く伸脚

ひざをしっかり曲げて深く伸脚します。腰から脚全体にかけての関節や筋肉をほぐします

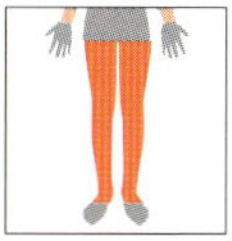

左右各
8
カウント

6 肩入れ

両脚を左右に大きく開いて中腰になり、手を左右のひざに置いて、肩をグッとカラダの前に入れます。肩、腰の関節や筋肉をほぐします

左右各 **8** カウント

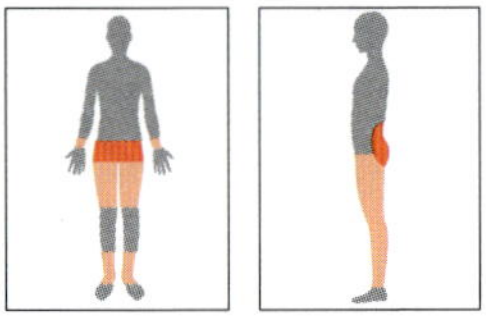

7 アキレス腱伸ばし

両脚を前後に開き、ゆっくりと体重をかけて、ふくらはぎの筋肉とアキレス腱を伸ばします。カラダが柔らかい人は、かかとを地面につけたまま行うようにしましょう

左右各 **8** カウント

8

前・後屈

上半身を前後に倒します。ゆっくり倒して、腰や背中の筋肉を伸ばしましょう

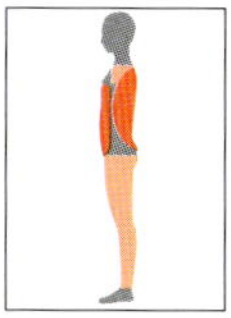

各8カウント

9

カラダの回旋

上体を大きく回します。腰まわりの筋肉がしっかりと動いている感覚があればOKです。逆回しも同様に

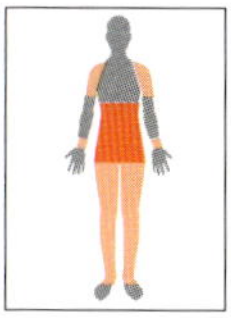

各8カウント

簡単、速効！

WAKE UP METHOD

ストレッチ編

縮んでいる筋肉を伸ばす

準備運動をする前の筋肉は硬く、弾力性がない状態です。いわば〝かむ前のチューインガム〟のようなもので、急激に力を入れると切れてしまう危険性もあります。

ケガなく走るためには、しっかりストレッチを行って、縮んでいる筋肉を柔軟にしておくことが大切です。

自分が不安に思う部位は、とくに念入りに伸ばしておいてください。

1 足首・すね伸ばし

片方のつま先を地面につけ、ゆっくり体重をかけていきます。足首と同時に、すねの筋肉が伸ばされます

左右各 8 カウント

2 太ももの裏側伸ばし

脚を交差させて、上体を前に倒します。太ももの裏側が突っ張るような感覚が得られます。ゆっくり息を吐きながら、痛みが出ない程度に伸ばしましょう

終わったら、交差する脚を組み替えて同様に行う

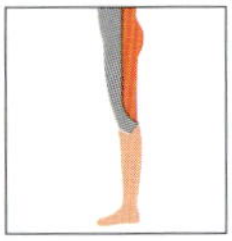

左右各 8 カウント

3 足首の外側伸ばし

両足の裏を内側に向けてキープ。足首の外側を伸ばします。足首が硬いと、走りに確実に影響が出てしまうので、やや長めに時間をかけて伸ばしておくとよいでしょう

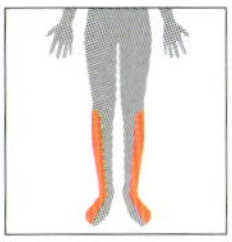

8カウント

4 足首の内側伸ばし

足の裏を外側に向けてキープ。足首の内側を伸ばします。これは片足ずつ行います。写真のように、ひざもやや曲げて、完全に足首を外側に向けた状態で伸ばします

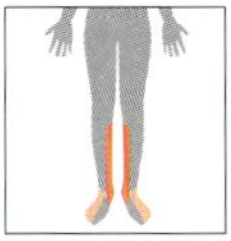

左右各8カウント

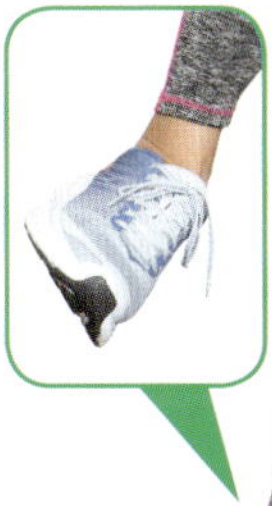

5 太ももの前面伸ばし

片方のひざ下を後ろに曲げて、その足首を同じ側の手で持ち（右足を上げたら右手で持つ）、太ももの前面の筋肉と足首を伸ばします

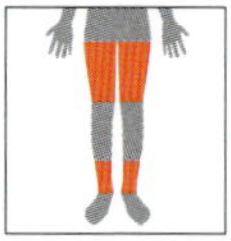

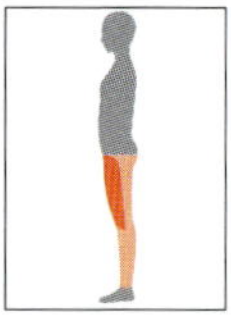

左右各8カウント

腰から下は動かさず、正面に向けておくこと

6 体側伸ばし

立ってカラダをひねり、上半身の側面の筋肉を伸ばします。両手はひねる側の腰に添えて、腰から上のみが伸びるようにしましょう

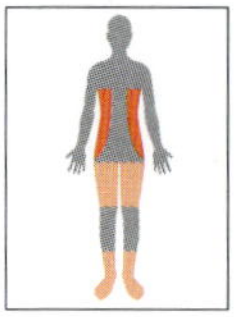

左右各8カウント

7 背筋伸ばし

手を組んで腕を前方に伸ばし、背中を開くようにしながら肩をグーッと前に出し、肩や背中の筋肉を伸ばします

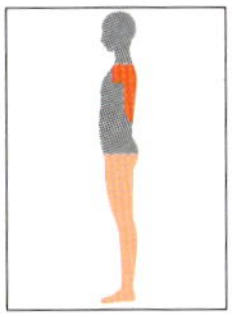

8
カウント

8 胸筋伸ばし

後ろで手を組み、両側の肩の骨（肩甲骨）どうしをくっつけるような気持ちで引き寄せます。胸の筋肉を伸ばすと同時に、ランニングで重要な肩甲骨への意識づけができます

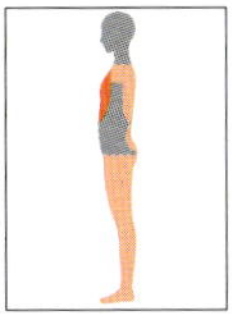

8
カウント

9
二の腕伸ばし

片腕を上げてひじを背中側に折り、もう一方の手でそのひじを真横に引き寄せます。肩から腕の内側にかけての筋肉を伸ばします

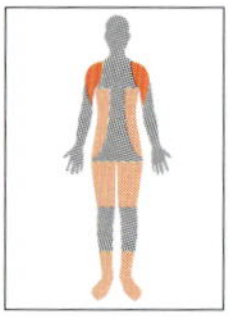

左右各
8
カウント

10
肩伸ばし

片腕を横に伸ばして、ひじのあたりをもう一方の腕でカラダに引き寄せます。肩から腕の外側にかけての筋肉を伸ばします

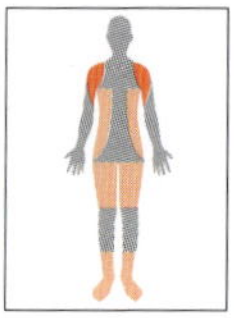

左右各
8
カウント

11 首の後ろ側伸ばし

後頭部に手を当て、首をグーッと前に倒します。首から背中にかけての筋肉を伸ばします

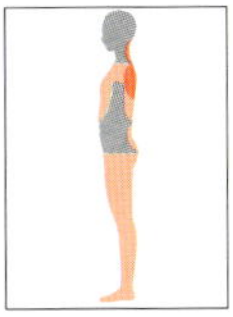

8
カウント

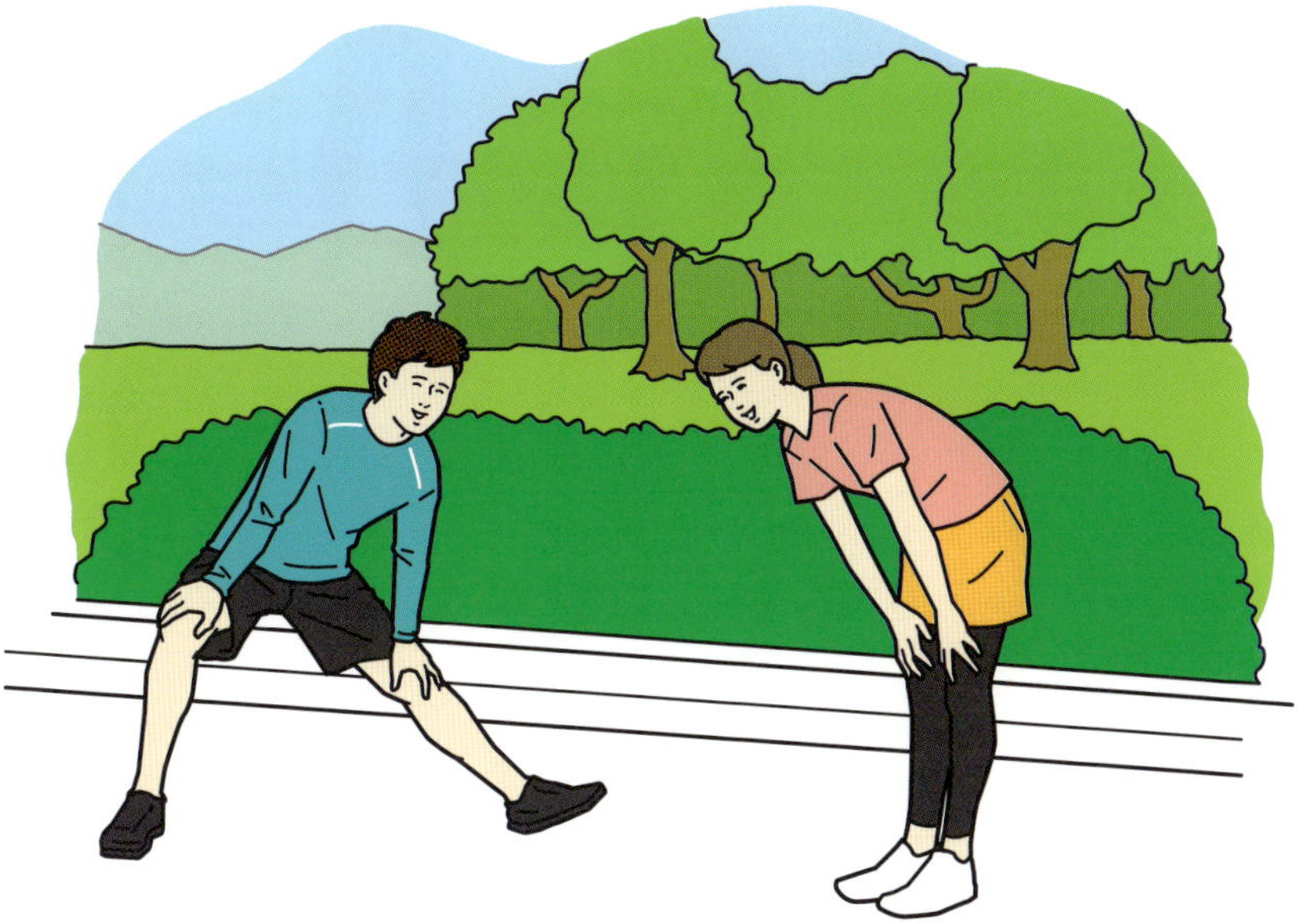

簡単、速効！

WAKE UP METHOD

バランスアップ編

眠っている筋肉を刺激して起こす

ここで紹介する運動は、ふだん使わない筋肉を刺激して、目覚めさせます。そして目覚めた全身の筋肉の動きを、走るためにまとめあげるのです。

体力がないうちは、これらの運動で多少の疲労を感じることもあるかもしれませんが、それ以上に〝軽快な走り〟ができるようになるので、行っておけば結果的にラクになります。それぞれ20〜30回ずつ行いましょう。

1 かかとの上げ下ろし

拇指球（親指のつけ根あたり）に力を入れて、かかとの上げ下ろしをゆっくりと行います。ひざを曲げないように注意しましょう。この運動で、ふくらはぎの筋肉が刺激されます

20~30回

2 スクワット

カラダはなるべくまっすぐに保ったまま、ひざを曲げて腰を落としていきます。あまり深くまで曲げず、写真の位置くらいまでゆっくりと曲げていきます。足首やふくらはぎ、太ももの前面の筋肉が刺激されます

20~30回

3

ツイスト運動

軽くジャンプしながら、肩と腰、足首を振り動かしてカラダをひねります。力を抜いて行えば、たとえば右肩が前に出たときは、右側の腰が下がります。カラダの動きをまとめて、走りをスムーズにする効果があります

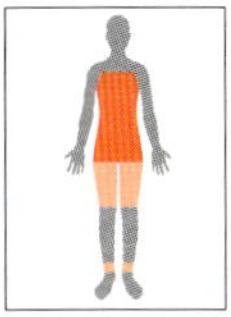

20~30回

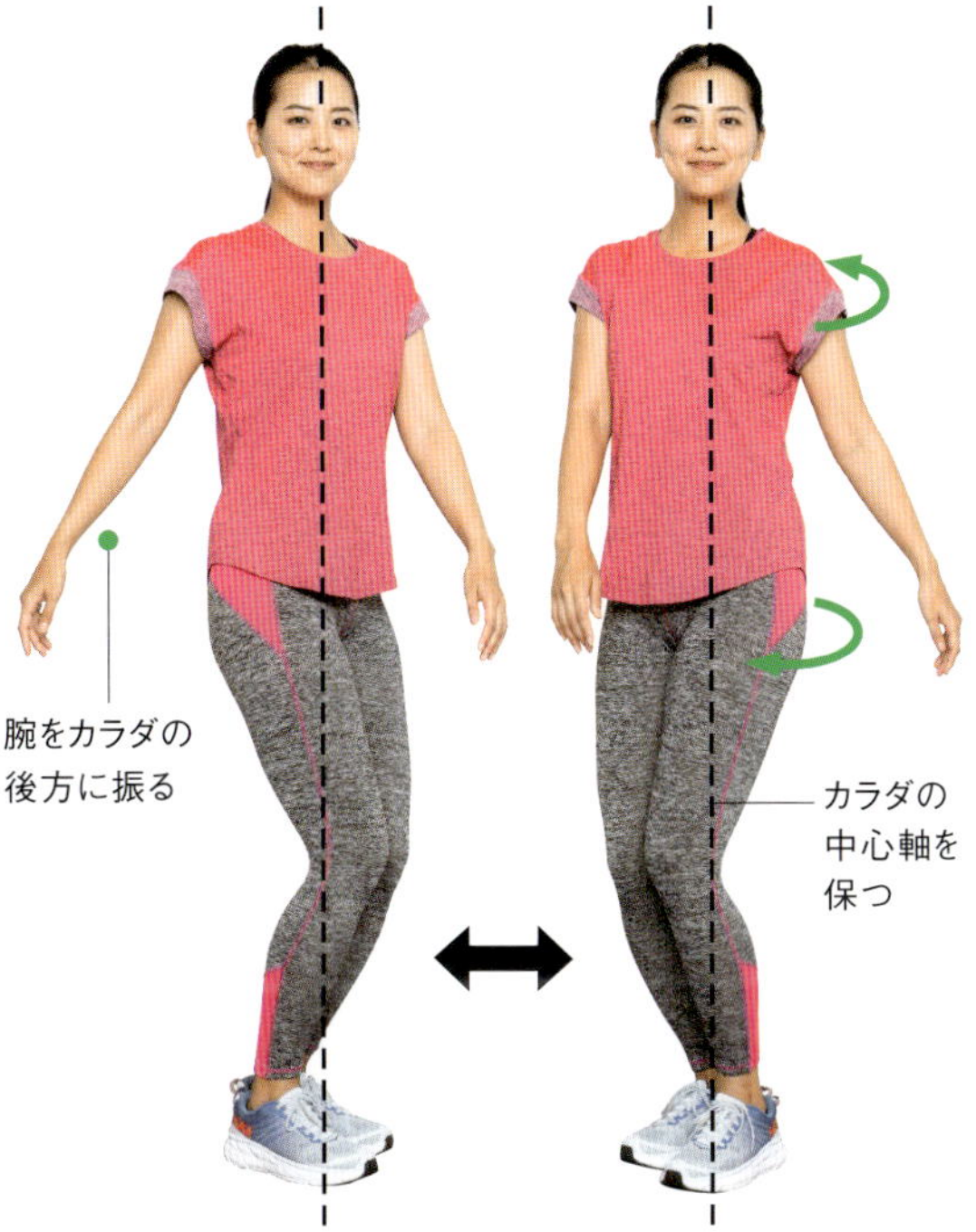
腕をカラダの後方に振る
カラダの中心軸を保つ

4

ヒップスクワット

椅子に腰かけるイメージで、ひざを前に出さないように、お尻を後ろに引いていきます。背中を丸めると効果が得られないので注意しましょう。太ももの裏からお尻にかけての筋肉が刺激されます

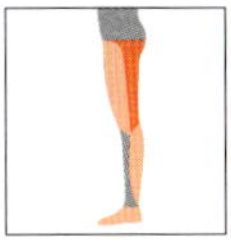

20~30回

カラダの中心軸
背中を丸めないこと
なるべくひざが前に出ないようにすること

5 交互に腕の上げ下ろし

腕を大きく振って、上げ下ろしを行います。いちばん高く上がり、手のひらが正面を向いたときに、グッともうひと伸びしてください。この運動で、背中の筋肉が刺激され、肩と腕がスムーズに連動するようになります

20～30回

6 脚上げ（あお向け）

腹筋（丹田）の力だけで両脚を持ち上げるようにします。脚の上げ具合はその人の腹筋の強さによって異なります。腹筋が弱い人は、軽くつるような感覚があるまで持ち上げてください。腹筋に刺激を与えます

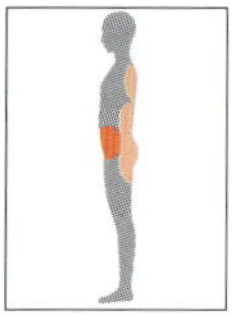

20～30回

7 脚上げ（うつ伏せ）

うつ伏せになって、お尻の筋肉の力で両脚を持ち上げます。上半身が浮かないように、ゆっくりと持ち上げましょう

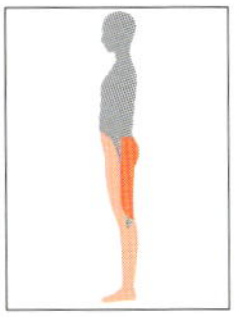

20~30回

※腰に負担がかかる運動なので、腰痛がある人は気をつけてください

お尻を
ギュッと締める
脚を上げるときに反らないこと

8 脚上げ（広め）

うつ伏せになって、脚を広げ、お尻の筋肉の力で両脚を持ち上げます。上半身が浮かないように、ゆっくりと持ち上げましょう

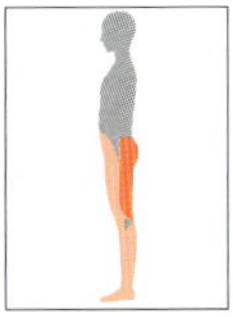

20~30回

※腰に負担がかかる運動なので、腰痛がある人は気をつけてください

9

腰上げ（補助あり）

脚を上げてひざを直角に曲げた状態で、腰だけをゆっくり持ち上げます。足を椅子などのやや高いところに乗せて行うとやりやすいでしょう。おへその下にしっかりと力が入っている感覚があればOKです

足に力を
入れないこと
ひざはなるべく
直角を保つこと

おなかの奥を
意識する

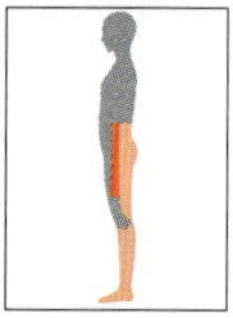

20~30回

10

腰上げ（補助なし）

補助ありでできたら、補助なしでも行ってみましょう。ひざの角度はなるべく直角でキープし、リズミカルに上げます。脚を上げる勢いで行わないように、気をつけてください

おなかの奥を
意識する

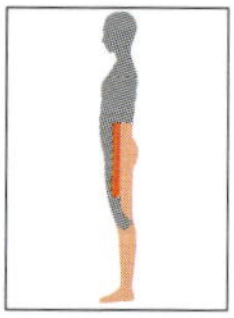

20~30回

Kin's RUNNING CLINIC

ジャンプを繰り返してカラダの軽さを実感しよう

ここまで紹介してきた準備運動が終われば、あなたのカラダは充分に目覚めています。試しにランニングに近い運動であるジャンプをしてみましょう。

ジャンプでのポイントは、まっすぐ立って、ひざのバネを使わずにカラダ全体でピョン、ピョンと跳ねることです。筋肉がしっかりと温まり、よい姿勢からジャンプできれば、これまでにないカラダの軽さを実感できると思います。

じつは、本書で紹介するランニングのコツとは、ジャンプで感じた軽さのまま、前に進んでいくことにあるのです。うまく実感できないようなら、44ページから紹介する立ち方を試してから挑戦してみてください。何度か試すうちに、自分のカラダとは思えない軽さを実感できると思います。

RUNNING METHOD 2

ラクに走るポイントは3つの部位を意識すること！

準備運動として効果的なウェイクアップ・メソッドで、カラダが軽くなる感覚がわかったら、次はきれいなフォームで走るために必要な基本のポイントを確認しましょう。

きれいなフォームの走りとは、マラソンの一流選手が走る姿を思い浮かべるといいでしょう。彼らは、スッ、スッと自然に脚が前に出るような走りをしていますよね。ポイントは**〝体幹を上手に使うこと〟**にあります。

体幹とは、背筋や腹筋などを含めた胴体全体を指す言葉ですが、本書では胴体の中心を通る1本の柱をイメージしたものを体幹としています。

その柱を中心に、胴体を左右にねじるイメージで走ると、前後左右にカラダがブレることなく、きれいに、そしてラクに前へ前へと進めるのです。

この体幹を使った走りのポイントは**〝丹田・肩甲骨・骨盤〟**という、たった3つの部位で成り立っています。つまり、きれいに走るためには、この**3つの部位を意識するだけでよい**のです。

意識すべき3つの部位

2 肩甲骨

背中側にある肩の骨で、ここを動かすことで“カラダの軸”となる体幹を使った走りができ、見た目もきれいになります

1 丹田《たんでん》

体幹を使うには、カラダが安定した状態を保っていなければなりません。おへそから5cmくらい下にある丹田に重心を置くことで、カラダはもっともバランスのとれた状態になります

3 骨盤

腰にある大きな受け皿のような骨で、肩甲骨を動かすことで、この骨盤が動きます。腰が動けば当然、脚も前に出やすくなります。さらに、骨盤を少し前に傾けて走れば胴体がしっかり安定して、胴体を制御するためのよけいな力を使わずにすむためラクに走れます

Kin's RUNNING CLINIC

体幹を意識した走りを続ければいつの間にか長い距離が走れます

長い距離を走るには、走り方だけでなく心肺機能など、いわゆる総合的な“体力”も向上しないといけません。「走り方より、むしろ体力のほうが心配」という人も多いと思いますが、安心してください。心肺機能は走っていれば必ず向上します。体力が充分についていないときには無理に走らないで、苦しくなったら歩いても大丈夫。それでも必ず、少しずつ体力はついていくのです。技術の習得のために走りを続ければ、走れる距離が徐々に長くなっていきます。

意識すべき3つの部位❶

丹《たん》田《でん》

丹田とは?

ヨガや気功、呼吸法などでよく使われる用語。おへそから5cmほど下の部位のことを指し、“カラダの中心”とされています

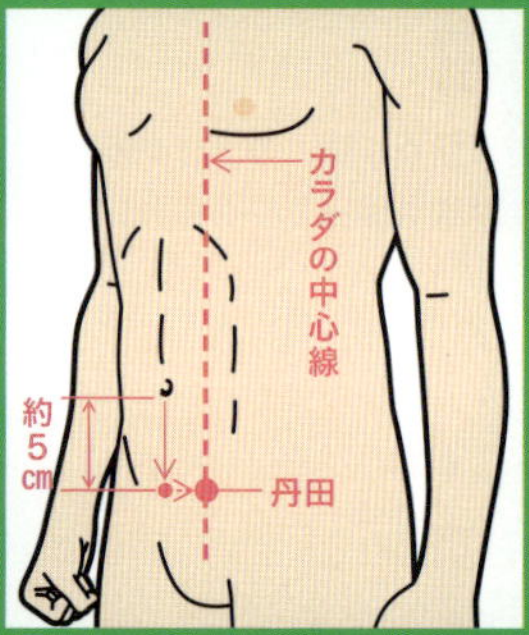

※本書では、丹田はおへその下の部位、腹筋はおへそまわりの筋肉と使い分けて説明します

美しく走るためのポイントは〝バランスを崩さない〟〝体幹を使う〟の2つです。このバランスを崩さないで走るためのポイントとなる部位が丹田です。

丹田と聞くと「理解するのが難しそう」と思うかもしれませんが、おへそから5cmほど下を意識するだけで、カラダの中心に1本の線が通ったように、バランスがよくなります。ただし、ふだんあまり意識していないとわかりにくいと思います。

そこで、簡単に丹田の位置と力の入れ具合がわかるドリルを紹介するので、実際に試して、その感覚をつかんでおきましょう。

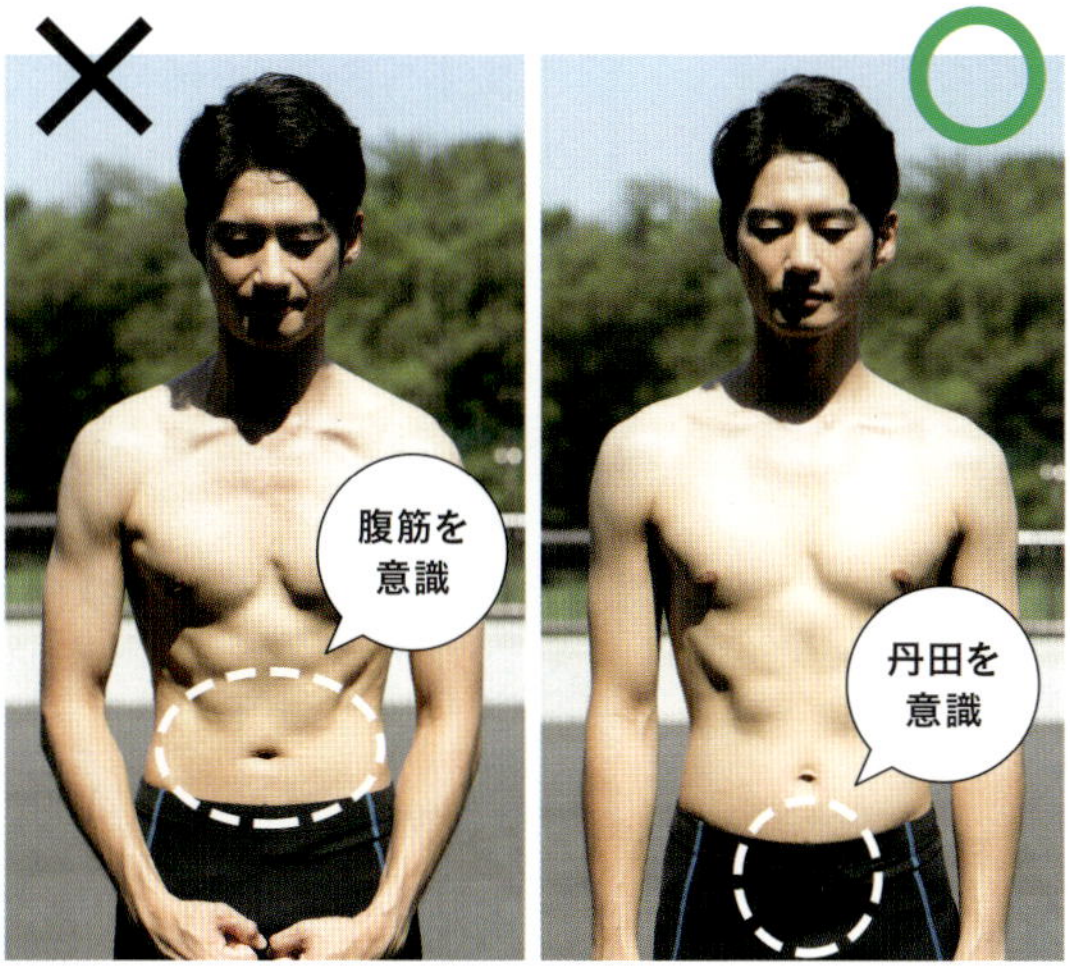

《丹田と腹筋の違い》

「丹田を意識した状態」というと、一所懸命に腹筋に力を入れてしまう人がいます。しかし腹筋全体に力を入れると、腹筋の中心部の位置が丹田の位置より上にある（左の比較写真参照）のでカラダの重心は上がってしまいます

《丹田の位置をつかむドリル》

あお向けになり、上半身と脚を写真のように上げてください。ある程度まで上げて、いちばんラクになるポイントを探します。おへその下あたりを触ってみてください。自然に力が“入っている”と思いますが、そのポイントが丹田です

《丹田の力を体感しよう》

フッ！ と丹田を中心にカラダを持ち上げるように跳んでみてください。“カラダが浮いた”感覚があれば完璧です

体重や運動能力によって跳べる高さは変わってきます。大事なのは、宙に浮いた感覚をつかむことです

意識すべき3つの部位②

肩甲骨

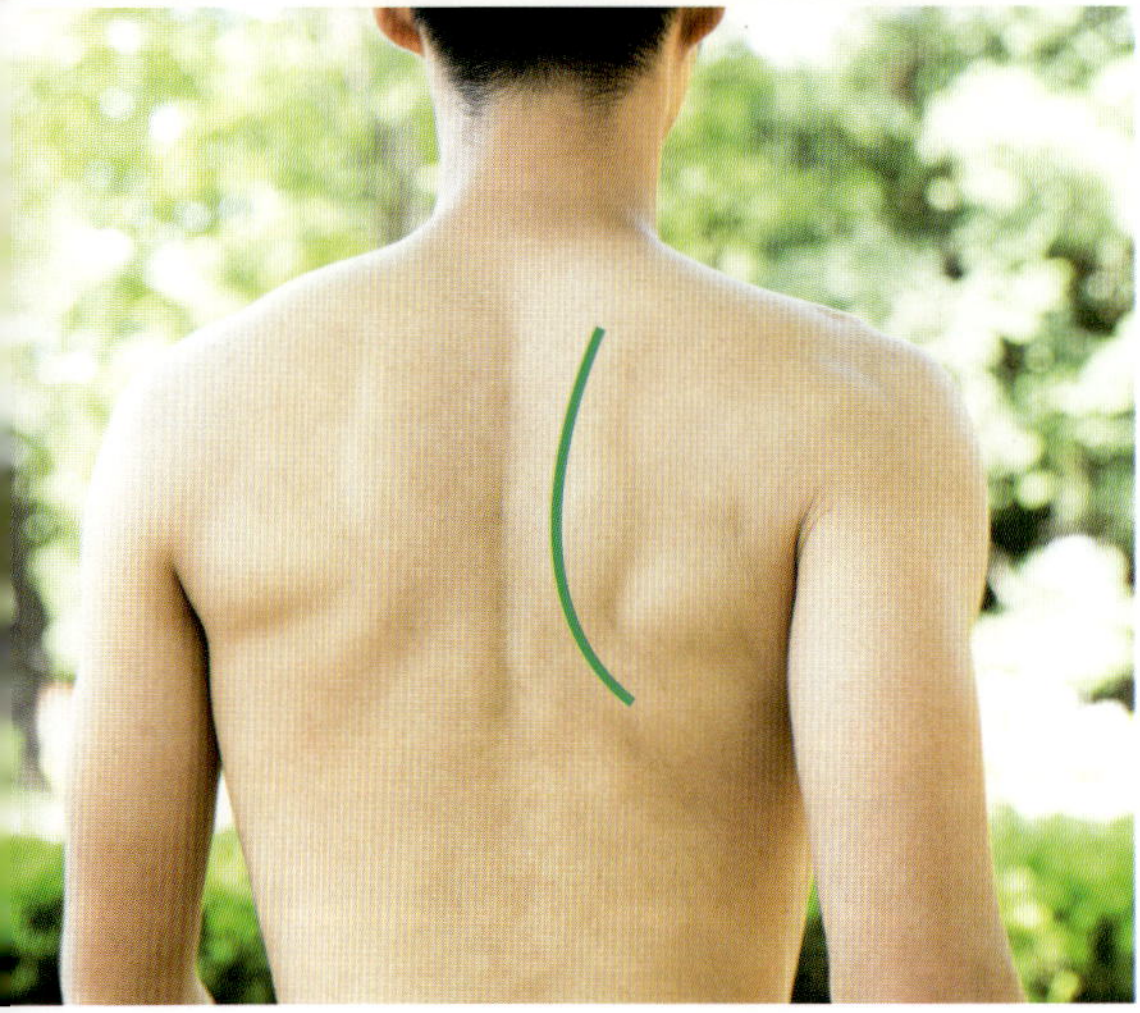

肩甲骨とは?

肩甲骨は背中側にある三角形の大きな骨。腕や脚の骨のように両端に関節がついているのではなく、筋肉によって吊り下げられている状態になっています

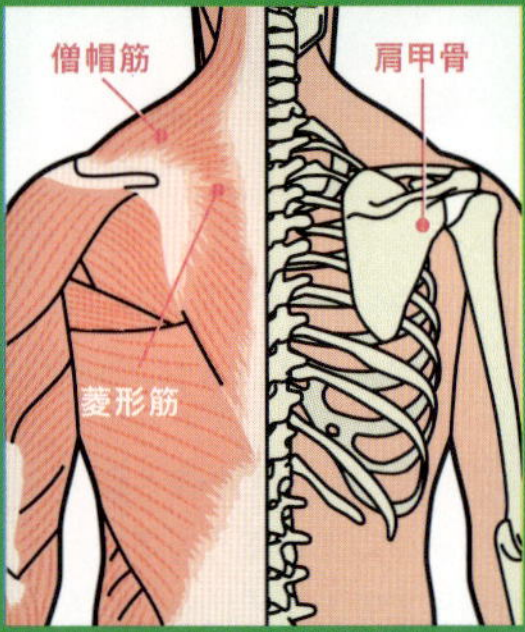

◀写真を見ると、背中の筋肉が大きく動いていることがわかると思います。これが正しい肩甲骨の使い方です。“肩甲骨を動かす”とは、腕や肩で意識的に引くのではなく、背中の筋肉を使って自然に中心（背骨）のほうへ寄せるようにすることです

カラダのバランスを司るのが丹田なら、体幹を動かす起点となるのが肩甲骨です。

体幹を使った走りとは、肩甲骨を動かすことで骨盤が回りやすくなり、その回旋につられて自然と脚が前に出ることでできる、力みのないきれいな走りのことです。つまり走るための最初のエネルギーは、足からではなく肩甲骨から生み出しているといえます。

最初は簡単な動きを試して肩甲骨の位置や肩甲骨を動かすときに使う筋肉の感覚をつかみましょう。

また、ここで紹介する動きは、ストレッチにもなるので、肩周辺にコリや疲れを感じたときにも行うといいでしょう。

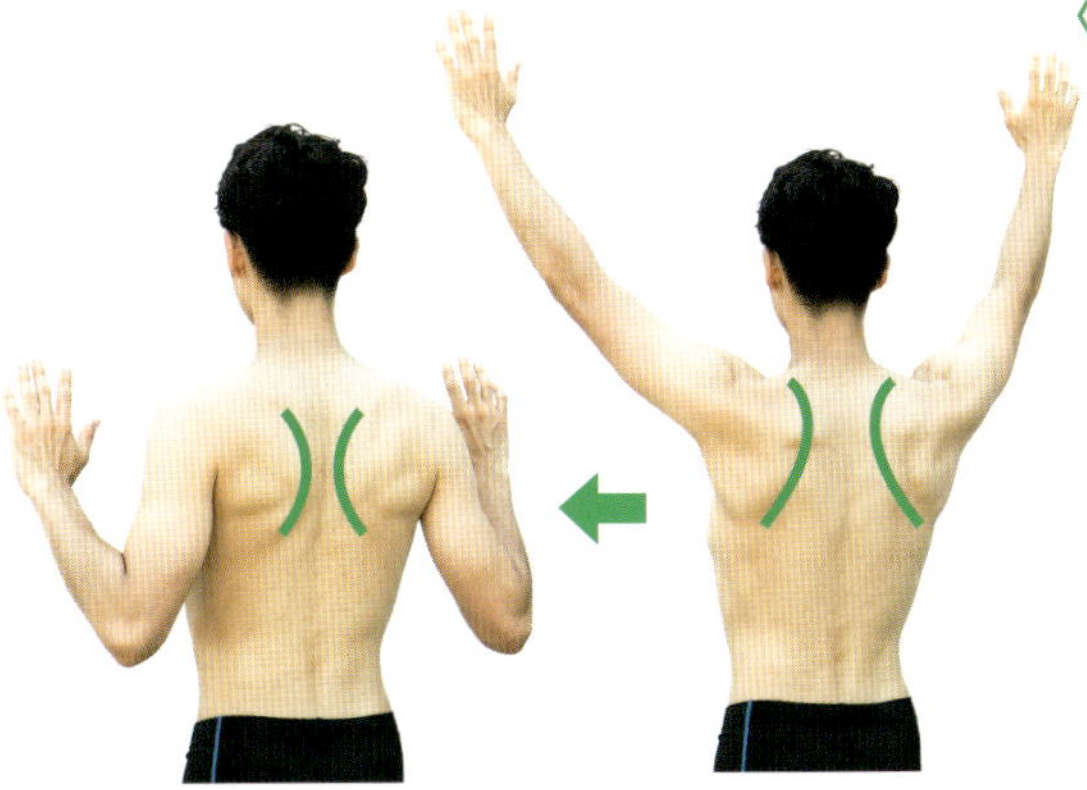

《 肩甲骨を意識する 》

①腕を広げて伸ばします
②ひじを曲げて胸を開くように、腕をグーッと後ろへ引いてきましょう
③腕を後ろへ引いていったときに、背中の筋肉（僧帽筋と菱形筋。右ページのイラスト参照）で肩甲骨を引き寄せる感覚があればOKです

《 肩甲骨と僧帽筋の動きをチェックしよう 》

壁に背中をつけて腕を動かすと、肩甲骨や僧帽筋の動きがわかります。何度か行って肩甲骨の動かし方がわかってきたら、腕を動かさずに、背中の筋肉だけで肩甲骨を動かすことに挑戦してみましょう

Kin's
RUNNING
CLINIC

動かすのは、肩ではなく肩甲骨

ここからは解説の随所で“肩甲骨を動かす”という表現を使いますが、それは“背中の筋肉で肩甲骨を動かす”という意味です。しかし、ふだん意識したことのない部位だけに、肩だけを動かしてしまう人も大勢います。それではウォーキングやランニングに最適な肩甲骨の動きはできないので、上のドリルで背中の筋肉を使う感覚をつかんでおきましょう。

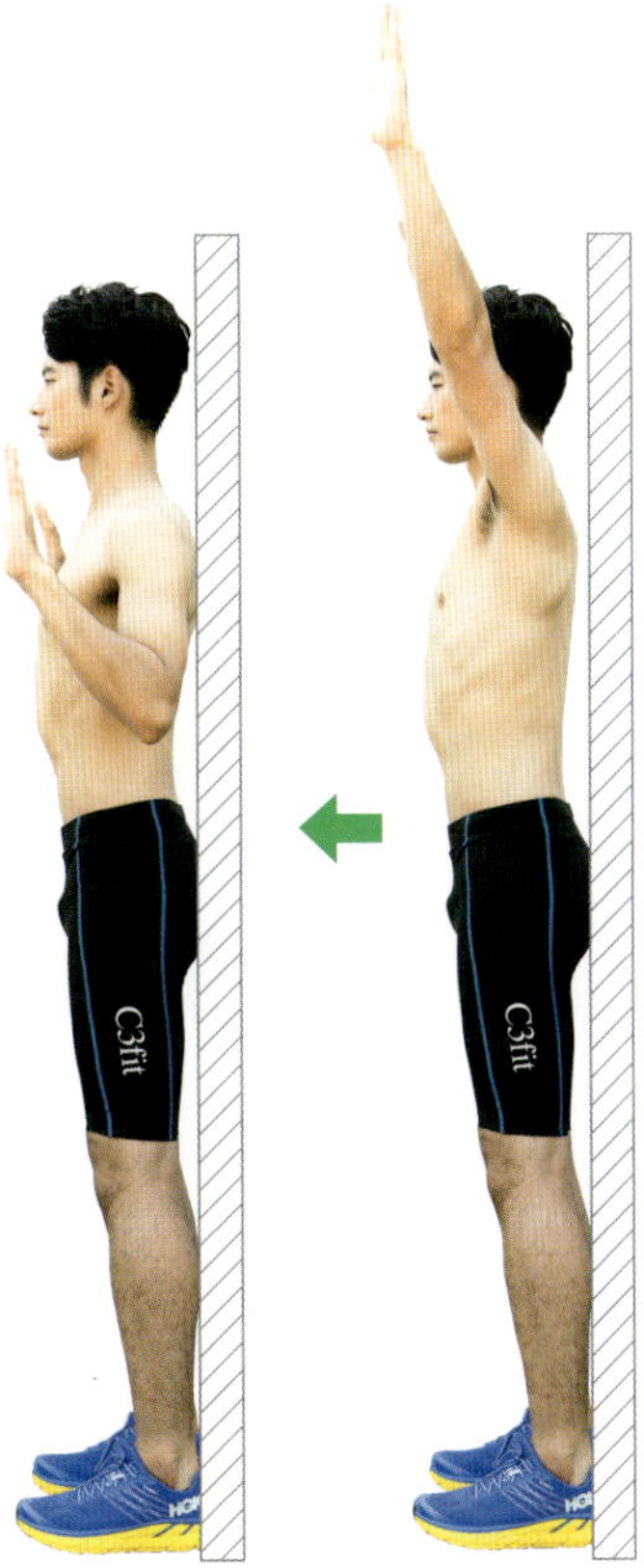

壁に背中と腕をつけて、腕を広げてひじを曲げます。そのまま腕を上下に動かすと、背中の一部がモゾモゾと動くのがよくわかります

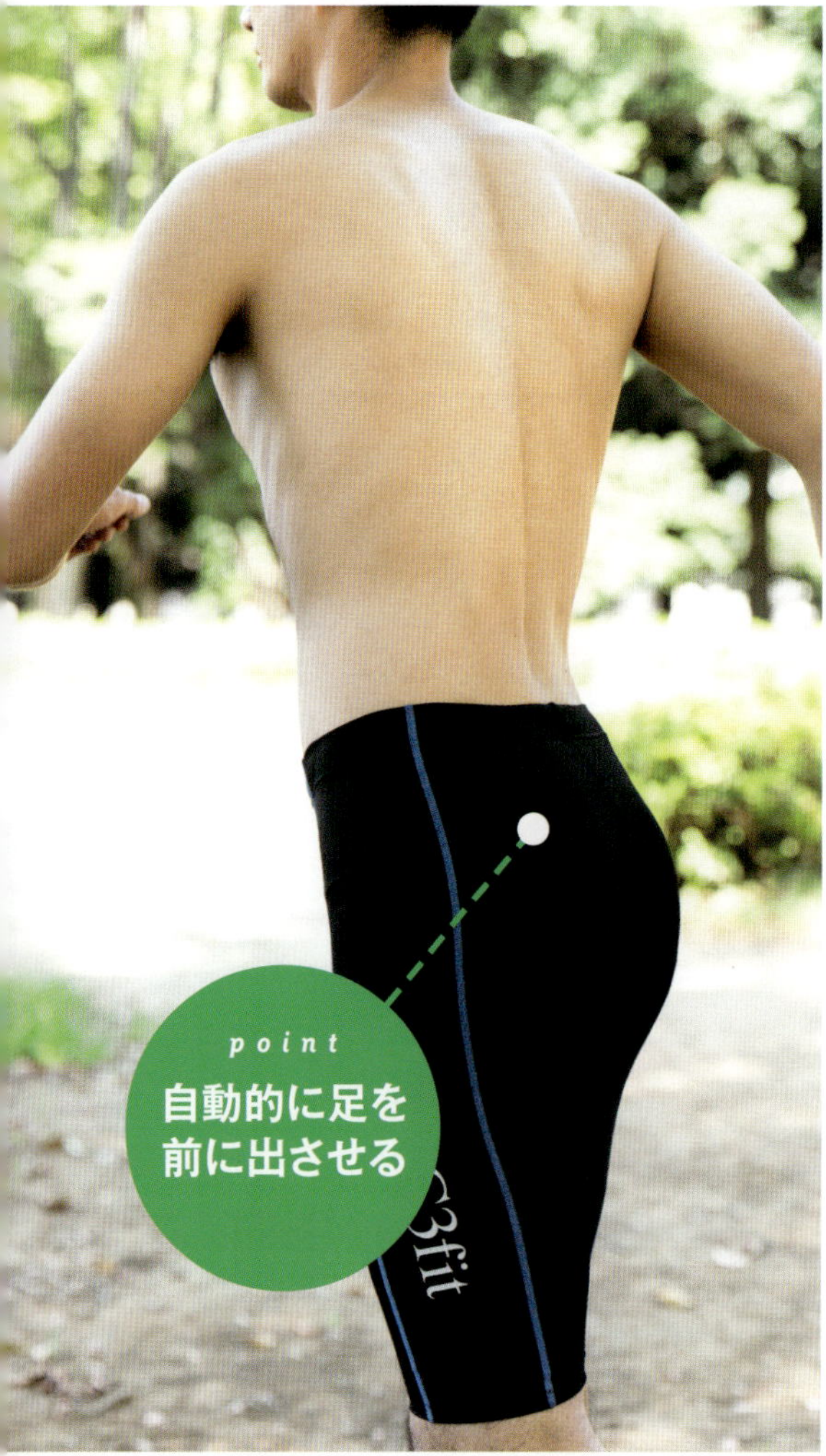

意識すべき3つの部位❸

骨盤

骨盤とは?

骨盤はひとつの骨ではなく、仙骨と腸骨を中心とした腰周辺の骨の総称です。また骨盤は、骨格の基盤となっているので、ここがゆがむと全身に影響します

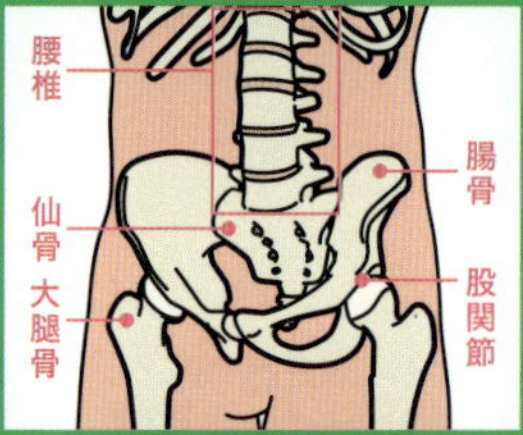

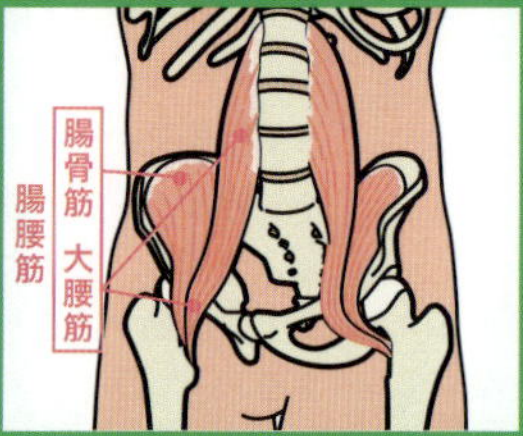

骨盤の動きに関係する腸腰筋は、お腹や腰の筋肉の奥にある深層筋で、骨盤を支え、いい姿勢を保つという重要な役割を果たしています

38ページでは肩甲骨を動かすことで骨盤が回りやすくなると述べましたが、長年、骨盤を使わずに歩いてきた人にとっては、その感覚がわからないと思います。そこで〝骨盤が動く〟とはどういう感覚なのかを覚えていきましょう。

そして、きれいに走るには、スムーズな回旋のために骨盤を前傾させることが大きなポイントです。とくに女性は、骨盤が後傾している場合が多く、自然と体重も後ろに残りやすくなってしまいます。その状態で走ると体幹に力が入らないため、安定した走りができません。骨盤を動かすと同時に、前傾させる意識と感覚をつかんでいきましょう。

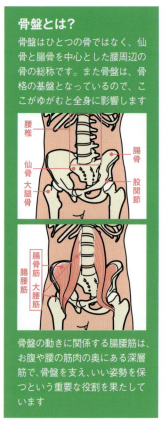

骨盤を前傾させる方法を覚えよう

骨盤を前傾させるポイントはたったの2つ。“丹田を意識した”まま、お尻の筋肉でクッと“お尻の穴を締めてヒップアップさせる”だけです。腰に手を当てて行ってみましょう

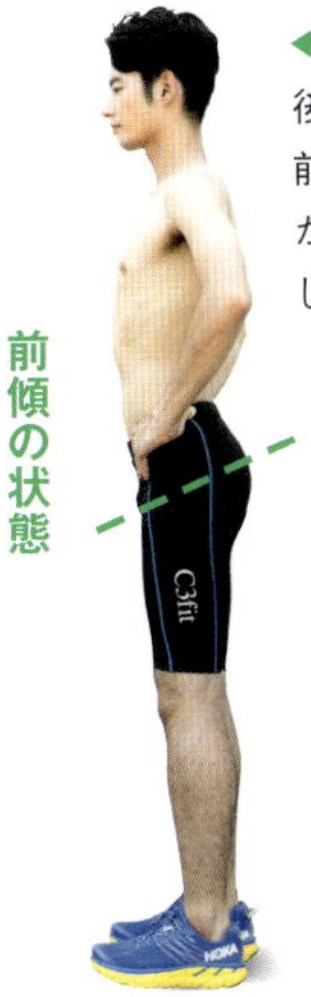

◀丹田に力を入れ、お尻の穴を後ろに向けるようにするだけで前傾します。ただし骨盤が柔らかく使えないと、しっかり前傾しません

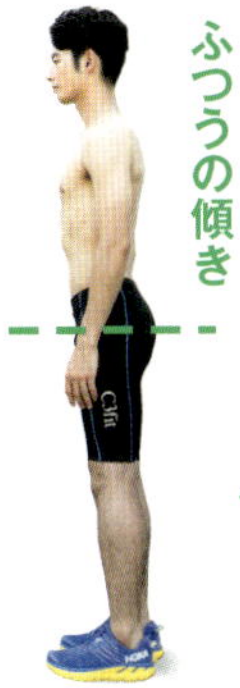

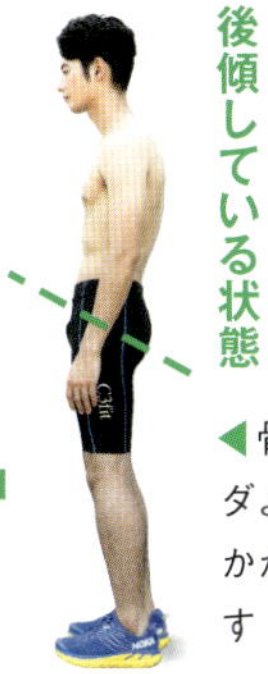

◀骨盤が後傾していると、カラダより前に足が出て脚に負担がかかり、走るのがつらくなります

骨盤が動く感覚をつかむ

椅子の上などの高いところに足を乗せて、足の位置は動かさずに、お尻だけをピョンピョンと持ち上げてみましょう

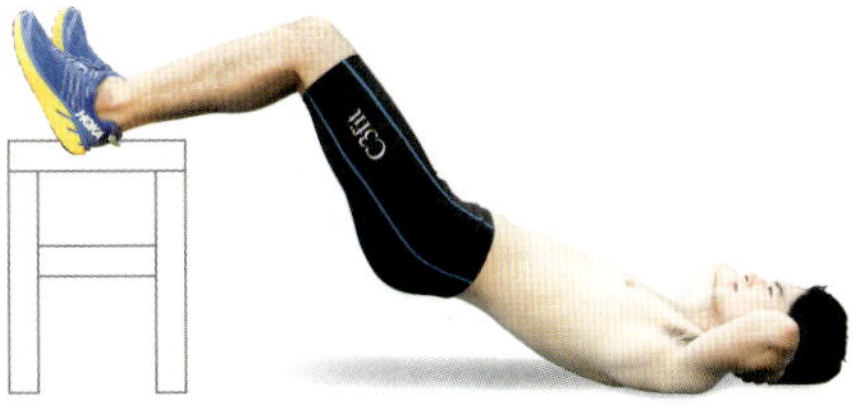

うまくできたら、次は椅子を外した状態で同じ動きをしてみましょう（32ページ参照）。その際に、ひざが前に出ないよう注意してください

Kin's RUNNING CLINIC

最初は感覚や動かし方がわからなくても大丈夫

骨盤は、肩甲骨以上にふだん意識して動かす機会がありません。それだけに、最初はなかなかうまく動かせなかったり、前傾させられなかったりすると思います。でも今の段階では、それほど気にしなくても大丈夫です。18ページから紹介しているウェイクアップ・メソッドの中には、骨盤を使う動きがたくさん入っていますし、これから紹介する歩き方や走り方を実践すれば、自然に骨盤は動き始めます。ランニングを続けていけば、自然と理解できるようになるでしょう。

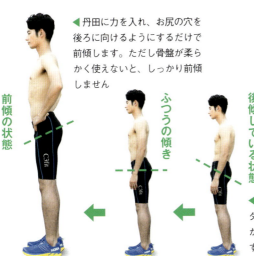

RUNNING METHOD 3

〝羽が生えたような〟軽い走りをめざそう

きれいなフォームで走るポイント、〝丹田・肩甲骨・骨盤〟という3つの部位を意識した走り方がわかったら、具体的に走り方をみていきましょう。

ここで紹介する走り方さえ覚えれば、カラダは軽く、足は次々に前に進んでいく〝羽が生えたような美しい走り〟ができるようになります。これまで「ランニングがつらい」と感じていた人も、印象が大きく変わると思います。

走り方を覚えるといっても、それほど難しいことではありません。走ること自体は元々自然にできるはずですから、ちょっとしたコツを知り、それを反復していきましょう。これだけのことで、いつの間にかラクに走れる〝正しいフォーム〟は完成していきます。そのために覚えていくプロセスは次の3つです。

①まっすぐにバランスよく立つ
②きれいに歩く
③きれいに歩いた感覚を活かして走る

さあ、難しく考えず、気楽に挑戦しましょう！

［ 正しいフォームをつくるステップ ］

step 1 立つ

正しい立ち方をするには“まっすぐ立つ”だけでなく“カラダの重心を意識する”ことが大切です。これを意識するだけでも、日常の立ち居振る舞いからガラリと変わっていくでしょう

step 2 歩く

大事なのは“体幹を使って歩く”こと。これができないと、きれいな走りも身につきません。ウォーキングで体幹を使った歩き方を覚えて、軽快な走りにつなげていきましょう

step 3 走る

きれいに歩ければ、あとは前傾して速度を上げていくだけで、きれいな走りへとつながります。さらに走るときの注意点やポイントなどをチェックしながら、より軽い走りをめざしましょう

step
1

まっすぐ立つ ①

ついてしまった姿勢のクセをリセットしよう

走る前に身につけてほしいのは〝まっすぐ立つ〟ことです。

簡単だと思われるかもしれませんが、じつは意外と難しいのです。たとえば自分ではまっすぐ立っているつもりでも、靴底の減り方に偏りがある人は、歩き方が悪いだけでなく、片足に体重を乗せて立ちやすく、バランスが崩れています。

まっすぐ立てないと、走っているときにも前後左右のバランスが崩れ、カラダの一部に負担がかかってしまい、当然、障害や疲労の原因となります。

ランニングの基本は〝正しく立つこと〟です。まずは左ページのドリルで、まっすぐ立つことを覚えましょう。

《まっすぐ立つためのポイント》

顔
まっすぐ前に向けます。
あごが上下していないか
確認します

肩
よけいな力が
入っていると
肩が上がるので、
少し下げるようにします

背中
無理に
反らないように

胸
肩を真後ろに
やや引き、
少しだけ胸を
開きます

お尻
お尻の穴を
締めるように、
力を軽く
入れましょう

足
左右の足に均等に
体重が乗っているか
確認してください

《まっすぐに立つためのドリル》

1
左右に揺れる

足もとから軽く揺れて、自分が中心と思うところでカラダを止めます。片足が上がるほど大きく揺れる必要はありません

2
前後に揺れる

続いて、前後にも揺れてみましょう。左右に揺れたときと同じように、自分が中心と思うところで止めます

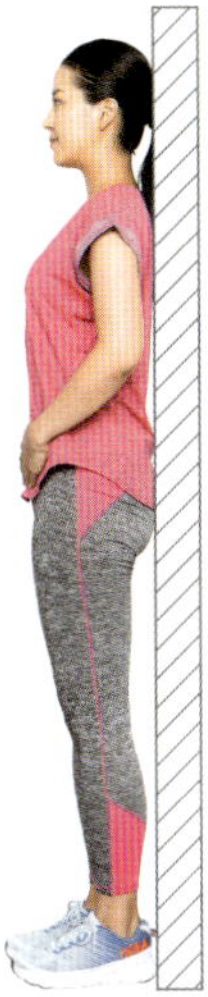

3
壁に背中をつけて確認

壁に背中をつけて立ち、頭、肩、腰、かかとの４か所がしっかり壁に触れていれば、まっすぐ立てています。ただし、そのときに意識的に背中を反らないよう注意してください

Kin's RUNNING CLINIC

立っているときの足もとには重要な意味がある

　本来、まっすぐ立つとつま先は軽く開きますが、あえて正面にそろえるようにしてください。走るときに足をまっすぐ下ろさないと、体重をしっかり支えられません。ふだんからつま先をまっすぐそろえて立って体重のかかり方を知り、その感覚を走りに活かしましょう。

重心の位置を正すと、驚くほど安定する

まっすぐ立てたら、次は丹田を意識しましょう。重心が安定するためカラダがブレず、ラクに走ることができます。不思議なことに、人間の重心は意識する部位しだいで変わります。考えごとばかりしていたら、重心は頭に移動してグラグラし、足元ばかり気にしていたら、上半身が安定せずフラフラしてしまいます。丹田の位置をつかむドリル（37ページ）とまっすぐに立つためのドリル（45ページ）を行えば、重心は自然と正しい位置に定まります。これなら多少の揺れが起こっても、自然と安定した立ち方に戻れます。この安定感が、きれいで軽い走りの土台になるのです。

重心の位置で安定感は大きく変わる

左ページの方法を試してみれば、重心の重要性がすぐ理解できると思います。ぜひ、やってみてください

×

重心を低くといっても、腰を落とすわけではないので注意してください

× 丹田に意識がないと……

肩を持ち上げてみましょう。すると重心は、自然に丹田よりも上がってしまいます。その状態で押されると、踏ん張れなくなります

○ 丹田に意識があると……

丹田を意識した立ち方ができていると、押されてもその勢いで揺れはしますが、足は動かず、自然にまっすぐ立った状態に戻ります

Kin's
RUNNING
CLINIC

重いものを持つときも丹田を中心に

　果実などが山盛りに入ったカゴを頭にのせて運んでいる女性の姿を、テレビなどで見たことがありませんか。荷物の重心とカラダの重心を合わせると、あまり力を使わずに多くの荷物を運べるので、彼女たちはそのような運び方をしているのです。運送業者がタンスなどの重い荷物をひとりで運べてしまうのも、丹田をしっかりと使っているからです。ひとりで重心を確認したいときは、重いものをおへそのほうに運んでくるように持ってみましょう。すると腕だけで持ち上げるよりも、はるかにラクに持ち上げられるので、重心の大切さがわかります。

肩甲骨を動かせば、自動的に脚が前に出る

肩甲骨を動かすと骨盤が前に出ます。
この動きが自然にできれば、歩きは安定します

38ページで紹介したように、肩甲骨を動かせば骨盤が前に出て、それにつられて脚が前に進みやすくなります。この肩甲骨と骨盤の連動が、自然で無駄のない動きの基礎となっています。

とはいえ、いきなりスムーズに連動させるのは難しいので、その感覚に慣れるため、ツイスト運動（29ページ参照）をしましょう。肩と逆方向に腰をひねる動作を繰り返して、肩甲骨や骨盤がどのような動きをしているかを意識しましょう。

これがスムーズにできれば、肩甲骨を動かすだけで骨盤が回旋し、スッ、スッと脚が出る、きれいな歩き方ができるようになります。

《 肩甲骨と骨盤の連動 》

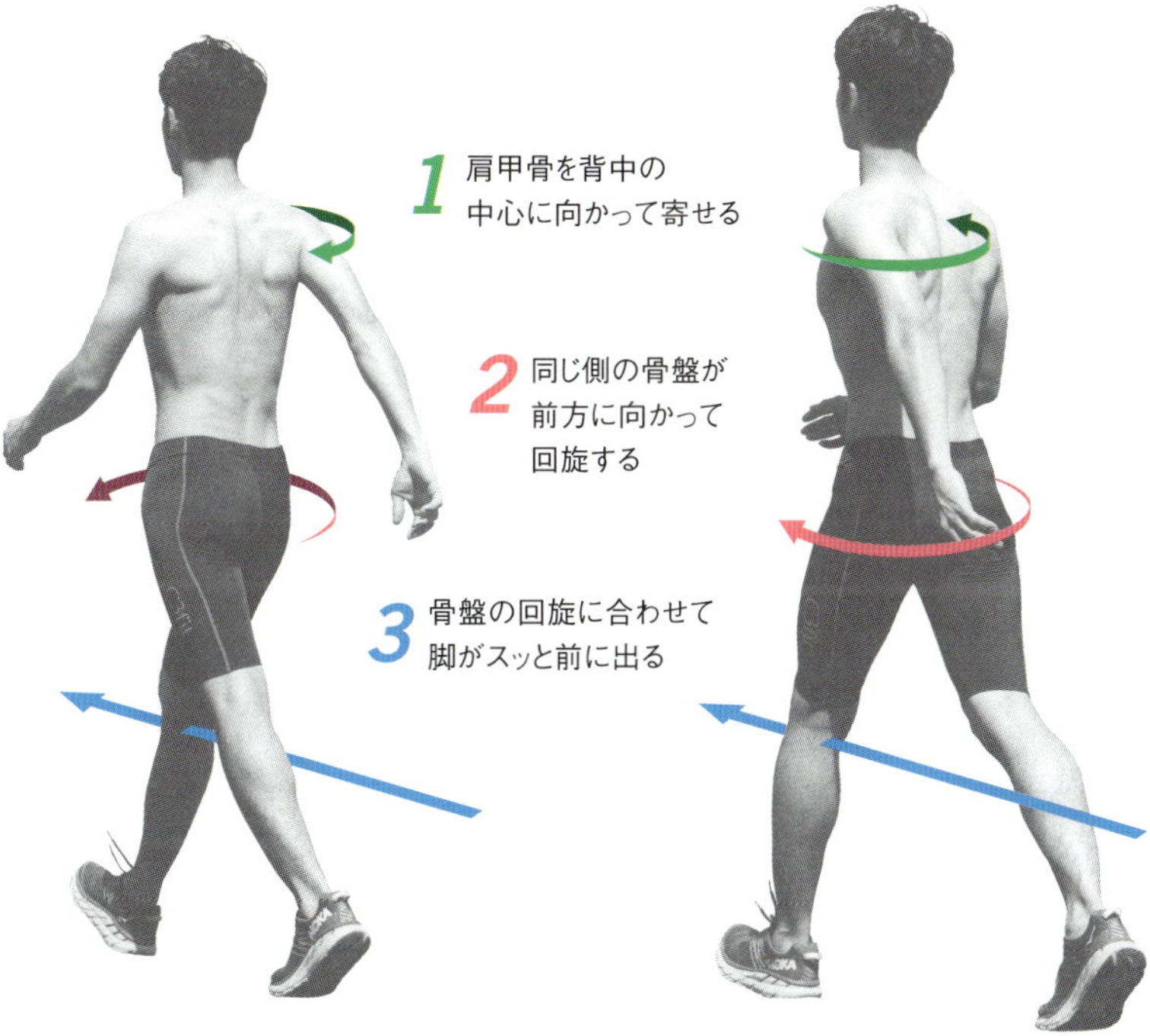
1 肩甲骨を背中の
中心に向かって寄せる
2 同じ側の骨盤が
前方に向かって
回旋する
3 骨盤の回旋に合わせて
脚がスッと前に出る

Kin's
RUNNING
CLINIC

慣れたら歩調を速めてみる

　きれいな歩きの延長に、きれいな走り方があります。この歩き方に慣れたら、スピードを少し速めてみましょう。1分間に120歩くらいのリズムで歩ければ、ランニングに移行してもそれほど問題なくカラダを動かせるようになっているはずです。

体幹を使った歩きの延長に〝走り〟がある

肩と腕 常に脱力しておきましょう

これまでに紹介してきた、体幹を使うポイントとなる〝丹田・肩甲骨・骨盤〟をうまく使って歩いてみましょう。

まずは丹田に力を入れ、どの方向にもブレない体勢をつくります。続いて肩甲骨を動かすと、それに連動して骨盤が回旋します。骨盤が回旋すれば、つながっている脚もそれに合わせて動こうとするので、逆らわずスッと前に出ます。腰から下がすべて脚になったようなイメージで歩けば、驚くほどラクに進めるのです。

このように歩くと見た目にも颯爽とした動きになります。体幹を意識してきれいに歩ければ、どんどん早足にしていくだけできれいなランニングになります。

脚 脚を“動かす”のではなく、
骨盤が動くから“勝手に脚が出てしまう”
というイメージで歩きましょう

目線 まっすぐに前を向きましょう。
下を向くと、丹田を意識しづらく
なってしまいます

《 ウォーキングからランニングへ 》

歩きからだんだん早足になり、走りへと自然につながっているのがわかります。
歩き方がきれいになれば、きれいな走りも早く身につきます。
きれいな歩きのポイントは上の連続写真を参照してください

〝きれいな歩き方〟を日常生活に取り入れよう

きれいに歩くことは走るフォームの基盤をつくる以外にも、姿勢の矯正、骨盤の前傾によるヒップアップ、肩甲骨を使うことによるダイエット効果などが得られます。そして骨盤の回旋によるツイスト運動で、腰もくびれてきます。つまり、スタイル改善が期待できるのです。

さらに、きれいな歩き方ができると動作がかなりラクに感じられますが、消費エネルギーはこの歩き方のほうが大きいのです。ですから体力がなくてランニングに踏み出せなかった人は、一日の移動をすべて体幹を使ったウォーキングに替えるようにすれば、いつの間にか長く走るための体力もついていくのです。

《体幹を使う歩き方の効果》

Kin's RUNNING CLINIC

きれいな歩き方がラクなワケ

体幹を意識せずに歩いた場合、脚の筋肉に負担が集中して、大きな疲れを感じてしまいます。しかし、きれいな歩き方をすれば、背中（肩甲骨）、腹（丹田）、腰（骨盤）、脚と、全身の筋肉を使うため、脚以外のさまざまな部位に負担が分散されます。そのためにひとつひとつの筋肉の動きは小さくなり「ラクに歩ける」と感じるのです。背中や腰など体幹にある大きな筋肉も使って歩くため、感覚としてはラクでも、大きなエネルギーが使われます。そのぶん体脂肪も燃えるのです。つまり、これは“ラクだけど多くのエネルギーを消費する”という、ダイエット中の人には夢のような歩き方でもあるのです。

step
3

きれいに
走る ❶

走るとは〝カラダを宙に浮かす技術〟

ウォーキングとランニングの違いは1点だけ——ランニングには両足が宙に浮く瞬間があるということです。最初は、きれいに歩けるのに、きれいに走れないということもあるでしょう。しかし、違いはその1点だけです。ランニングとは〝カラダを空中に浮かせる技術〟を覚えることです。ここでは、浮かせて着地するためのポイントを紹介します。

その技術を学ぶために、走り始めのころはゆっくり走ることを常に心がけてください。速く走ってしまうと、フォームが乱れやすくなるからです。また健康やダイエットのためにも、ゆっくり走るほうが効果的なのです。

腕の振り

ひじがカラダより前に出ないようにします。腕を振るのではなく“肩甲骨が動くから振られる”くらいの感じのほうが、きれいな腕振りができます

前傾

走り出しは体を軽く前傾します。体を折り曲げるのではなく、まっすぐなまま、足元から自然に前傾することを心がけましょう

骨盤

慣れるまでは後傾する場合も多いので、しっかり前傾させる意識を持ちましょう。後傾だった骨盤を前傾に修正すると、走りが一気にラクになります

肩甲骨

これは歩くとき（48ページ参照）とまったく同じです

丹田

空中にカラダを浮かせるため、ウォーキングよりもさらにバランスが取りにくくなります。重心を丹田に置く意識は、歩くときよりも強く持ちましょう

Kin's
RUNNING
CLINIC

ゆっくり走れば、こんなメリットが

“走る速さ”ばかりにとらわれず“走った時間”を大切にしましょう。

ゆっくり走ればフォームは乱れにくくなり、長い時間走れば、そのぶん、筋肉がつきやすく、脂肪も落ちやすくなります。さらに毛細血管の広がりも大きくなるので、全身にくまなく血液が巡って、健康状態も向上していきます。

特に走り始めのときは、フォームをしっかりとカラダに染み込ませていくためにも、できるだけゆっくり走るように心がけましょう。

〝まっすぐ着地〟で、走りはとても安定する

ランニングは〝空中から片足で着地する〟動作の連続です。当然、着地時には片足で全体重を支えなければなりません。走るときの着地の衝撃は、体重の約3倍になるといわれていますから、体重が60kgの人なら180kgの衝撃を片足で受けることになります。

そのため、まっすぐ着地することがとても重要になります。それができないと、丹田に力が入っていてもカラダのバランスは崩れ、フォームが乱れてしまいます。また障害の原因にもなるのです。

ですから着地のときは、まっすぐ足を下ろして、しっかり足全体で全体重を支えられるようになりましょう。

正しい着地を覚えるドリル

カラダの真下に足を置くイメージで着地してください。着地したら少し静止してみましょう。カラダが揺れることなくピタッと止められれば、カラダの真下に着地し、足の向きもまっすぐになっています。両足ともできるようにしておきましょう

着地時にお尻をたたくことで、丹田とお尻の筋肉の力が抜けていないかをチェックできます

乱れた着地だとこのようにバランスも崩れてしまいます

正しい着地

足がカラダの真下に着地して、シューズはまっすぐ前を向いています。このような着地なら、フォームが安定してラクに走れます

step 3

きれいに走る③

地面から力をもらう気持ちで走る！

学生時代に「作用・反作用」という言葉を習ったことがあると思います。これは「加わった力が同じだけ逆方向へはね返る」という力学の法則で、この力の活用が走りをラクにします。

ランニングで足が着地する（＝作用）と、その衝撃と同じ力が地面から返って（＝反作用）きます。これは着地のたびに地球から力をもらえるということです。この力によって、軽く前に進む〝羽の生えたような走り〟が実現できるのです。

重要なのは、丹田・肩甲骨・骨盤を中心とした体幹を使うこと。これで緩みがちなカラダがバネのようになり、地面からの衝撃をうまく利用して進めます。

ADVICE

カラダを“スポンジ”ではなく“バネ”にしよう

胴体が“スポンジ”のカラダと“バネ”のカラダを想像してみてください。地面からの力を利用するなら当然、バネのほうがいいですよね。ふだんから体幹を意識している人はバネのように使えますが、多くの人はスポンジ状態です。ぜひ意識して体幹を使うようにしましょう。

足元よりも3つの部位に意識を

肩甲骨
丹田
骨盤
足元の向き？
歩幅？つま先？
あとは…

　走りのメカニズムについての説明が続きましたが、実際に走るときに意識すべきなのは、丹田・肩甲骨・骨盤の３つだけです。ここさえ正しく動いていれば、大きな筋肉ばかりでなく、ふだん使わないカラダの奥にある筋肉までもをうまく使えます。たくさんの筋肉をうまく利用できるから、思わぬ大きな力が発揮でき、ラクに脚が前に出るようになるのです。
　ランニング中に感じる痛みや疲れは脚に多いため、つい足元を意識しがちですが、丹田・肩甲骨・骨盤に原因があることがほとんどです。まっすぐな着地さえできるのなら足元は気にせず、この３つの部位に集中して走りましょう。

《 足もとを気にすると出てくる悪影響 》

✕ つま先で蹴りすぎてしまう

ふくらはぎや足首が疲れるばかりか、ななめに蹴り出してしまうことも多く、左右のバランスが乱れます

✕ つい下を向いてしまう

猫背になったり、骨盤が後傾したりして、重心が定まらず、カラダがグラグラしてしまいます

《 まっすぐな着地と骨盤の回旋で、カラダはラクに前に進む 》

カラダの下に足をまっすぐ着地させていてもカラダは常に前に進んでいくため、着地の瞬間には真下にあった足も自然に後ろにいき次の一歩を着地します。足で蹴り出そうとするのではなく、3つの部位の動きに集中しましょう

step 3

きれいに走る 5

長く走る秘訣は、フォームを崩さないこと

長い距離を走るには、フォームを乱さないことがとても重要です。しかし疲れてくると、お尻や丹田の力が抜けたり、カラダのクセの影響が出たりして、フォームが徐々に乱れてきます。その結果、脚の力で無理に走ろうとしてよけいに疲れ、カラダの一部分に負荷がかかるため筋肉痛や障害をも誘発してしまいます。

chapter2では、その対処法を紹介していますが、それでも走り方がぎこちないと感じたら、ウォーキングに切り替えましょう。歩くことは、走るより簡単に正しいフォームを覚えられます。そしてフォームが身についてから走ったほうが、間違いなく楽しく走れます。

《 長く走る秘訣 》

カラダの軸＝体幹がブレていないことがわかると思います。
ランニングでも、体幹がブレない状態で走るのが理想です

最初はウォーキングをメインに

ランニングもウォーキングもフォームの基本は同じです。ですから動きの遅いウォーキングのほうが正しいフォームを覚えるのは簡単です。最初から無理に「走ろう、走ろう」と頑張らず、最初は1日30分、できれば1時間、毎日ウォーキングをすれば、自然ときれいなフォームがカラダに染みついていきます

疲れたときこそフォームを意識して

疲れてくるとフォームが崩れて、さらに疲れたり、障害を起こしたりしやすくなります。疲れを感じたときこそフォームを意識し、自分でチェックしてみましょう。チェック法と修正法はchapter2で紹介していきます

Kin's RUNNING CLINIC

気楽にやっていけばいいです

ランニングは、ストイックに考えがちなスポーツです。でも「走らなきゃ！」という強迫観念にとらわれて運動しても、当然楽しくないですよね。大事なのは楽しむこと。「疲れたら歩けばいいや。歩いたほうがフォームは身につきやすいんだし」というくらい気楽に取り組んだほうが長く気持ちよく続けられますよ。

いろいろな
疑問も
一発解消!

トレーニングのQ&A

走っているといろいろな疑問が
出てきます。それらを解決する方法は
“発想の転換”をすることです。
マイナス思考はすべてプラスに、
疑問があれば詳しい人に
聞いてしまえばいい。とにかく、
あまり深く悩まず、
シンプルに考えるのがポイントです。

Q
シューズは
どんなものを選べばいい?

A まず、スニーカーではなく、ランニングシューズを選びましょう。ソール（かかとの部分）のクッション性が高く、足にフィットすることが大事。ポイントは、かかとでトントンと床を叩いて合わせてみて、かかとがぐらつかないこと。そして、横ぶれしないよう、親指と小指のつけねがフィットしていることです。クッションの素材や形状はメーカーによって異なるので、わからないときは、店員さんに相談してみましょう。あなたに適したシューズを見つけてくれるはずです。

Q
雨の日の練習は
何をしたらいい?

A 雨の日や、気温が高い・寒い日など外を走れない日は、18～32ページのウェイクアップ・メソッドを行いましょう。疲れがたまっているようであれば、128～129ページのストレッチも加えて、入念に行います。でも走るのに慣れてくると、小雨程度でしたら気にせず走れるようになってきますよ。

Q
シューズやウェア以外に オススメのグッズはありますか？

A 日差しの強い日に備えて、帽子（キャップ）は購入しておいたほうがいいでしょう。また日陰の少ない場所を走ることが多い人には、サングラスも有効です。

このほかのグッズとしてオススメするのはスマートウォッチ。スマートフォンよりも軽いですし、今はいろいろなランニングアプリがあるので、ログをとったりすると習慣化につながります。本格的にランニングをしようと思うのであれば、高価ですがGPS搭載タイプが便利。心拍計やスピードメーターなども内臓されているので、数値の変化から明らかに自分の成長がわかり、モチベ―ションの持続につながります。しかも「今月は頑張りましたね」など、褒めてくれる機能まで搭載されているので、うれしい（笑）。レースデビューをした後も活躍するので、持っていて損はありません。

Q
体力のない初級者が 一気に走れるようになる 練習メニューはないですか？

A 筋トレを併用しましょう。18ページから紹介しているウェイクアップ・メソッドを長めに行っても筋肉はつきますが、より短期間で長く走れるようになりたいのなら、ジムなどでウェイトトレーニングを行いましょう。これなら比較的早く筋肉がつくので、走るのがよりラクになります。鍛えるのは28ページからの“眠っている筋肉を刺激して起こす”運動で使っている筋肉です。どんな器具を使えばいいのかわからない人は、「走るためにココとココの筋肉を鍛えたいです」とインストラクターに聞き、教えてもらうといいでしょう。

Q
ランニングに適した服装は どんなものですか？

A 通気性と速乾性に優れ、生地が柔らかいものを選びましょう。生地が硬いと走っているあいだにすれて皮膚を痛めてしまいます。あとは、軽いこと。ポリエステル素材の、よく売られている吸汗速乾のドライ系のシャツなら問題ないです。機能面でいえば条件はそれぐらいです。色や形などは、思い切り自分好みのものを選びましょう。

COLUMN 1

ランニングをすると体力がつくワケ

ランニングを2～3週間続けただけでも、脚に筋肉がついてくることを実感できます。そういった“カラダの変化”を楽しむのもランニングの醍醐味ですが、体力についてもまったく同じことがいえます。体力のあるなしは、心臓の機能に大きく影響されます。1回で送られる血液の量が多ければ当然、心拍数も減るため、疲れを感じにくくなります。そしてその心臓も、筋肉でつくられているため運動で鍛えられるのです。

ウォーキングやランニングでカラダに筋肉がついてきたなと感じるころには、心臓も確実にパワーアップしています。ですから「体力がない」と思っている人でも、走れば体力は確実についてきます。そして体力がつけば、それは走れる距離に表れます。
「昨日は1kmで限界だったけれど、今日は1.3kmまで走れた！」というように、成長をダイレクトに感じられるのも、ランニングの大きな魅力です。

日々の成長をみずからたしかめながら楽しんでください。

chapter 2

より長く、ラクに走れるようになる

金哲彦の
ランニング・クリニック

THE RUNNING CLINIC

RUNNING CLINIC 1

さあ、ランニングの練習を始めましょう！

chapter1では正しいフォームでの走り方を説明してきました。この章では、長く走るためのフォームの修正法について紹介していきます。

いよいよ走り始めますが、決して「速く走ろう」という考えは持たないでください。55ページでも述べたように、**重要なのは、速さではなく走り続けた時間**です。特に走り始めのころは、ランニングに必要な筋肉も発達していません。しかもフォームがカラダに染みついていないため、〝丹田・肩甲骨・骨盤〟の3つの部位を連動させ続けるのが難しくなり、フォームが乱れて障害を起こす危険性が高まります。

また、いきなり速く走ると、すぐに疲れてしまい、ランニングの苦しさだけを味わうことにもなりかねません。

章の最後に、速く走るためのポイントも紹介していますが、速さを求めるのは、長い時間走れるようになり「レースに出よう」と思い立ってからで充分。それまではとにかく、**〝ゆっくり長く〟を心がけましょう。**

［ 長く走れば体験できる快感 ］

1 ランナーズ・ハイ

このときの感覚を説明するのは難しいのですが、全能感というか「今の私なら何でもできる！」というようなポジティブ思考になります。とてもすばらしい感覚なので、皆さんもぜひ体験してみてください。1時間近く走ると、このゾーンに入ることが多いようです

2 脳の活性化

「走ると何も考えなくなる」と思っている人もいますが、実際は逆です。しっかりと脳に血液が送られるようになるので、活性化されます。ふだんはあまり目に入らなかった草花に気づいて癒やされたり、アイディアが次々と浮かんできたりするんです

3 内臓から汗

走っていると、汗の“質”も変わってきます。最初はカラダの表面にある水分が出ている感じですが、しばらく走っていると、カラダの内部、つまり内臓が汗をかいてそれが体外に排出されているような感覚を得られることがあります。カラダの内部から浄化されているようにも感じ、健康になっていることを全身で実感できるのです

4 体脂肪の燃焼

長時間（1時間以上）走り続けていると、カラダが脂肪を燃焼させてエネルギーに変えていくような感覚をおぼえます。「今、まさにやせている最中だ！」というように感じられるのです。その感覚は、ダイエットを目的としてランニングを始めた人にとって、このうえない喜びになることでしょう

RUNNING CLINIC 2

フォームが乱れる原因と走りながらできる修正法

長く走るにはフォームを崩さないことが重要ですが、正しいフォームで走っているつもりでも、徐々に乱れていくことがあります。こうなると脚の一部分に痛みや疲れを感じるようになるので、次ページから紹介している〝痛みや疲れの解消法＝フォームの修正法〟を試してみましょう。

フォームの乱れは〝丹田・肩甲骨・骨盤〟のどこかに問題がある場合がほとんど。これから紹介するドリルを試す前に、**まずはこの3つの部位がしっかり動いているかを確認してみましょう。**また、筋力不足や慢性疲労から痛みが起こることもあります。肩甲骨や骨盤、丹田を意識していて、さらにドリルを試してもなんら変化が表れないときは、ゆっくり走ってみたりウォーキングに切り替えたりしてください。

乱れたフォームを修正するのにもっとも効果的な方法は〝自分の走っている姿を動画に撮ってもらう〟ことです。客観的に自分のフォームを見ると、どこが悪いかがすぐにわかると思います。

トラブル

走っているときに……

太ももやひざが疲れた、痛くなった

case 3

足が後ろに流れている

◀74ページ

case 1

腰が落ちている

◀72ページ

case 4

骨盤がかたまっている

◀75ページ

case 2

変な前傾になっている

◀73ページ

疲れや痛みの原因は？

太ももやひざが痛くなるのは腰、おもに骨盤が前傾していないことに原因があります。前傾がうまくできていないと、上体を前に運ぶのに太ももの力を使うため、太ももやひざが痛くなったり、疲れたりするのです。

ただしひざまわりは、ランニングをしていると障害が起こりやすい部位です。72〜75ページで紹介する方法を試してみても治らないようなら、痛みが引くまで走るのを中断するのが無難な選択です。無理して走り続けるのはやめましょう。

case 1

腰が落ちている

《 こんな姿勢になっています 》

“腰が落ちている”とは、骨盤が後傾している状態のこと。その状態では重心が後ろになっているので、カラダを運ぶのによけいに力が必要になります

腰が落ちている状態

解消ドリル

お尻をたたく

機能していない筋肉に直接触れて刺激を与えるのは、じつは非常に有効な手段です。この場合はお尻の筋肉から力が抜けていることが原因ですから、お尻を少したたいて、そこの筋肉を意識できるようにしましょう

ポンッ
お尻の筋肉に力を入れると解消される

case 2

変な前傾になっている

《 こんな姿勢になっています 》

走っていて、緊張したり、疲れでカラダがこわばってきたりすると、このような状態になります。また、肩が上がると重心の位置も上がってしまうので、足首やふくらはぎに痛みが表れることもあります

解消ドリル

その場でジャンプ

立ち止まってジャンプをしてみましょう。33ページで紹介した、ひざを使わず全身のバネで跳ぶ方法でジャンプします。この動きでカラダはまっすぐになるので、数回跳んだら、そのときの感覚を活かしながら走りましょう

case 3

脚が後ろに流れている

《 こんな姿勢になっています 》

これは骨盤の回旋がうまく使えずに、一歩一歩つま先で蹴り出して進んでしまっているために起こる症状です。ふくらはぎに大きな疲れを感じるときは、こうなっていないか確認しましょう

着地したあとの脚が
後ろに流れている

解消ドリル

丹田をたたく

丹田を軽くたたいて力を入れましょう。これで腰が回りやすく、前傾しやすくなります。また骨盤が回旋していないときは、腰に手を当てて、走りのリズムに合わせて手で腰を動かしましょう

ポンッ

case 4

骨盤がかたまっている

《こんな姿勢になっています》

いつの間にか骨盤をまったく動かさずに走っていることもあります。自分ではなかなか気づかないことなので、太ももやひざに違和感があったら、骨盤の動きを確認してみましょう

解消ドリル

骨盤回し

腰に手を当てて、グルグル回転させてください。動いていなかった部分も、一度動かせば機械に油をさしたような状態になり、動きやすくなります

トラブル

走っているときに……

腰とその周辺が疲れた、痛くなった

case 1

肩が上がっている

◀77ページ

case 3

腕振りが前だけ

◀79ページ

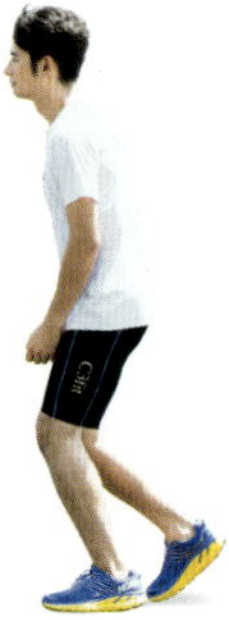

case 2

猫背になっている

◀78ページ

疲れや痛みの原因は?

腰の周辺に疲れを感じるときは、肩甲骨や上半身の使い方に問題があります。

走りの力を生み出す肩甲骨が使えていなければ、骨盤に力が伝わらないため、骨盤を力ずくで動かすことになってしまいます。すると、腰の周辺に大きな疲れを感じてしまうのです。

これらの問題はカラダのクセで生じることが多いので、走っていて腰の疲れを感じがちな人は、ふだん自分が正しいフォームで歩けているかどうかを注意してみてください。

case 1

肩が上がっている

《こんな姿勢になっています》

走っていて、緊張したり、疲れでカラダがこわばってきたりすると、このような状態になります。また、肩が上がると重心の位置も上がってしまうので、足首やふくらはぎに痛みが表れることもあります

解消ドリル

肩の上げ下ろし

いったん肩を思いきり上げて、一気に脱力します。脱力と同時に大きく息を吐き出すことでカラダの緊張も解けるので、肩が上がりにくくなります

case 2

猫背になっている

《 こんな姿勢になっています 》

猫背はカラダのクセですが、それによって腰に痛みなどの症状が出ることがあります。猫背で走っていると、肩甲骨を使うことができません。逆にいえば、肩甲骨さえ動いていれば猫背にはならないので、肩甲骨への意識を強く持つようにしましょう

解消ドリル

肩甲骨の引き寄せ

39ページで紹介した、肩甲骨を意識するドリルを行ってみましょう。改めて肩甲骨を意識してみると背筋が伸びて猫背は消え、走りやすくなります

case 3

腕振りが前だけ

《こんな姿勢になっています》

女性に多く見られる走り方です。これは、肩甲骨をしっかりと使えていないことから起こります。しかし、これも肩甲骨さえ使えていれば、腕振りは自然に後ろに下がっていきます。少し腕の動きにクセをつけるような動きをしてみましょう

解消ドリル

ペンギン走り

腕を前に出さず、後ろに引いたまま走ってみましょう。このドリルで肩甲骨を使う意識を持てば、腕振りが前だけという状態は解消されます

トラブル

走っているときに……

足首やふくらはぎが疲れた、痛くなった

case 1

ひざ下を外に蹴り上げる

◀81ページ

case 2

あごが上がる

◀82ページ

疲れや痛みの原因は?

足首やふくらはぎに痛みを感じたときは、丹田の力が抜けていることがあります。そのまま走ると、体幹部分のバランスが悪い走り方になってしまいます。

体幹のバランスが崩れていると、着地もまっすぐ行えず、足首に負担がかかってしまいます。さらに地面からもらった力も活かせないため、脚を蹴り出して走ることになり、ふくらはぎが疲れてしまう人もいます。

これらの症状は疲れから生じることが多いので、痛みや疲れが出てきたら、まず丹田のあたりを軽くたたいてみて、力を入れ直してみましょう。

case 1

ひざ下を外に蹴り上げる

《こんな姿勢になっています》

内股の人に表れやすいフォームです。このような走りでは、着地のときにまっすぐ足を下ろせないため、足首によけいな負担がかかります。着地を安定させるドリルで修正しましょう

解消ドリル

スキップ

スキップをすると、着地が自然にまっすぐになります。このドリルで、まっすぐ着地する感覚を思い出してから、再び走り出すようにしてください

case 2

あごが上がる

《 こんな姿勢になっています 》

疲れたときにあごが上がる人は大勢います。しかし、あごが上がると重心が後方へと移動して、バランスが崩れます。また、あごが上がった状態のほうが呼吸はラクだと思われがちですが、じつは気道が狭くなるため、息を大きく吸いにくく、よけいに疲れてしまうのです

解消ドリル

頭を前に出す

歩幅をせばめて、ゆっくり走ってみましょう。

加えて、重心が後ろに移動してしまっているので、修正のためにあごではなく頭を前に出してみましょう

トラブル

走っているときに……

そのほかの部位に疲れや痛みを感じる

左右のバランスが悪い

◀84ページ

疲れや痛みの原因は？

走っていて痛みを感じる部位は、ここまで紹介してきたもののほかにもあるでしょう。特に、走り始めたころに痛みを感じるのがすねです。これは筋力不足が原因なので、筋肉が発達すれば痛むことはなくなっていきます。

ほかにも、ストレッチが不足しているために足首やひざが痛くなったり、整理運動やアイシングをせずに連日走り続けると、筋肉疲労による痛みが表れたりします。トラブル防止のためにも準備運動やアフターケアはしっかり行いましょう。

左右のバランスが悪い

《 こんな姿勢になっています 》

手と同様、足にも利き足があります。立っているときにいつも同じ側に体重を乗せてしまう人は多いと思いますが、そのようなクセから左右のバランスは崩れてしまうのです。走っていて一方の足だけ痛くなる人は、バランスを確認してみましょう

解消ドリル

片足ステップ

57ページの“正しい着地を覚えるドリル”を行ってみましょう。左右両方の足で体重を支えられるようになれば、カラダのクセに惑わされず走れます。お腹やお尻に力が入っているかどうかも、同時にチェックできます

全身脱力

一度止まって全身の力をダラーンと抜いてしまいましょう。カラダの緊張を解いてから、再び肩甲骨を使った走りに戻します。するとカラダの緊張がリセットされるので、元のきれいな走りに戻ります

Kin's RUNNING CLINIC

長く、ラクに走るために ウォームアップを忘れずに

ランニングの基本は、持続力に優れ脂肪をエネルギー源とする“有酸素運動”の状態で走ることです。そこで必要なのが“なるべくゆっくり走ること”と“カラダが温まった状態で走り始めること”。準備運動（18〜32ページ）を終えたら、走る前に少し早歩きをしてみましょう。

ウォームアップは、車でいえば“暖機運転”をしているようなものです。寒い時期に車を走らせるときは、いきなりスピードを出してしまうと、オーバーヒートを起こしたり、エンジンの寿命を縮めたりします。カラダもそれと同じです。いきなり走り出すと、心臓が急激に動き始めます。そうなると、カラダは、ラクにこなせる有酸素運動では対処できないと判断し、一瞬に生み出すパワーはすごいのですが当然長くは走れない、“無酸素運動”に切り替えます。

なにより人間のカラダは、心拍数が上がると一気に疲労感が増します。それをなくすためにも、徐々にカラダを運動に慣らせていきます。それが長い距離をラクに走るコツなのです。

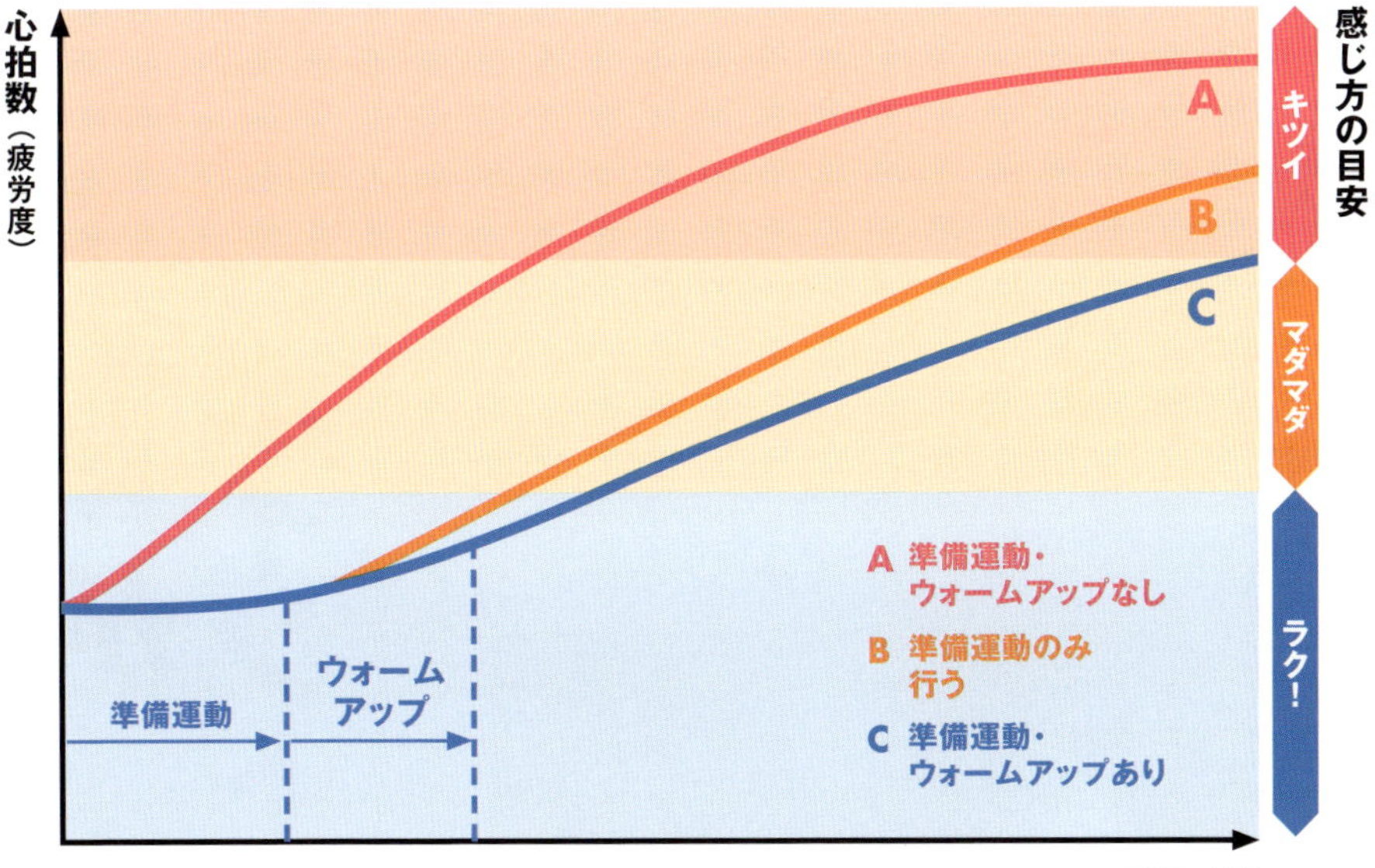

ランニングを始めてすぐに「つらい」との理由で挫折する人もいますが、
その中にはグラフAやBのようなランニングをしている人が大勢います。
カラダを温めるだけでなく、歩きやゆっくりした走りでフォームを確認しておくことで、
その後の走りのパフォーマンスは高まります。「早歩きくらいじゃ全然疲れない」
という人は、ゆっくり走ってウォームアップを行ってください

RUNNING CLINIC 3

ピッチとストライドが速く走るためのポイント

ランニングを長期間続けていると、走る速さも気になってくると思います。じつは走る速度を上げることは、それほど難しくありません。

速く走るためのポイントは、足の回転数（ピッチ）と歩幅の大きさ（ストライド）の2つです。

速く走ろうとすると、足を速く動かしたり強く蹴り出したりしがちです。しかし、足の力だけで速く走ろうとするとフォームが崩れてしまいます。スピードが上がりにくいうえに疲れやすく、力みが目立つ走り方になってしまいます。

ここでは、これまで紹介してきたフォームを活かし、簡単ながら速度が上がる走り方を紹介していきます。とはいえ速く走ればやはり疲れるので、フォームはどうしても乱れやすくなります。ですから速い走りを覚えるときには、**まずフォームが乱れにくい〝ピッチ上げ〟だけを行い、それに慣れたらストライドも伸ばすという順にドリルを行っていくとよい**でしょう。

Kin's
RUNNING
CLINIC

より、長く走るために筋トレでカラダ改善

「走る技術を向上させ走れる距離を手っ取り早く延ばしたい」人は、ランニングやウォーキングとともに、筋力トレーニング（筋トレ）も行いましょう。走る練習を続けるうちに、筋肉は自然に成長していくものですが、筋トレを併用することで、ランニングを始めた当初に必ず訪れる、筋力不足からくる疲れや痛みから、いち早く脱却できます。また本書で紹介する筋トレ（28〜32ページ）を行えば、体幹の使い方もわかってくるので、きれいなフォームも身につけやすくなります。

自分の体重だけでできる筋トレを1日20分ほど行えば、筋肉とフォームの基礎を同時に身につけられるので、上達も早くなるでしょう。

走法改良
ドリル❶

ピッチを上げる

〝ピッチを上げる〟といっても、足の回転速度だけを意識的に上げるわけではありません。走りの始動はあくまで肩甲骨にあります。つまり肩甲骨を動かす頻度を上げれば、フォームが乱れることなく、結果的に足の回転速度も上げられます。

目安は〝いつもより少し速く肩甲骨を動かしている〟と感じる速さで充分です。不思議なことに時間あたりの歩数を計測してみると、ほとんどの初心者が１分間あたり１６０歩のピッチで走っています。そして肩甲骨を少し速く動かすと、これもほとんどの人が１７５歩までピッチを引き上げています。これだけピッチを上げれば、タイムも劇的に変わります。

《 160歩と175歩でタイムはこれだけ変わる 》

	ピッチ数 160歩		ピッチ数 175歩	
1kmのタイム	6分30秒	▶	6分00秒	タイム差 30秒
5kmのタイム	32分30秒	▶	30分00秒	タイム差 2分30秒

1kmをのんびり6分30秒で走っている人なら、ピッチを上げただけで1kmあたり30秒も速くなります。5kmなら2分30秒も速くなるのです。あまりピッチ数を気にする必要はありませんが、自分のピッチを知りたければ、スマホのアプリやスマートウォッチを使うとよいでしょう。

走法改良
ドリル❷

ストライドを伸ばす

「ストライドを伸ばす」というと、たいていの人が足を強く蹴り出せばいいと考えますが、それでは足がすぐに疲れてしまいます。歩幅を広げるのはじつは簡単で〝前傾を大きくし着地の足を強く踏み込む〟だけです。着地すると、同じだけの反力が地面から返ってきます。ですから、強く蹴り出す必要があるなら、与える力を大きくし、地面から返ってくる力を大きくすればいいのです。そのために必要なのが〝強い踏み込み〟なのです。

前傾を大きくして強く踏み込むだけなら、さほどフォームが乱れることもなく、ふくらはぎや足首によけいな負担をかけません。

《 踏み込みを強くするだけで大きく伸びる 》

「歩幅を広げる」と意識すると大変そうですが、じつは強く踏み込むだけで歩幅は勝手に広がります。これまでの走りより多少強く踏み込んでみるくらいの力加減で、充分効果が出ます。

ただしストライドを伸ばすと、空中にいる時間が長くなるので、これまで以上にカラダの制御が難しくなります。フォームがどうしても乱れやすくなるので、注意しておきましょう

いろいろな
疑問も
一発解消!

練習メニューの Q&A

練習メニューについて感じる不安は
“自分の想定どおりに上達していない”
という不満から起こります。
しかし走っていれば、カラダは
確実に変化します。自分の中の
小さな変化を見逃さず、
そこに喜びを感じられるようになれば、
ほとんどの不安は解消されます。

Q

スケジュールを組んだのですが、なかなか予定どおりいきません

A おそらく「毎日何分走る、何km走る」といった組み方をしていると思いますが、それで崩れるなら、思い切って「10日で５km走る」などアバウトな目標を立てるようにしましょう。

Q

少し足を痛めています。走りたくてウズウズしているのですが……

A ケガの部位をかばって足を引きずったりするので、走らずに歩きましょう。「それでは満足できない」という人は、足に負担をかけずにランニングと同程度の運動量をこなせる水泳やジムのバイクトレーニングなどをウォーキングと併用すれば、少しは気分がまぎれると思います。「休養も練習のうち」と休むのがいちばんですよ。

Q

練習のあいだが1か月くらい空いてしまったのですが……

A 当然体力は落ちますね。１か月のブランクを考慮して、少し緩めのトレーニングから再開するといいでしょう。とはいえ一度ついた体力は、比較的早く元に戻せるので、安心して再開してください。

Q
体型は変わったと思うのですが体重が減りません

A これは、ある意味当たり前の現象です。筋肉は脂肪よりも重いので、走り始めて筋肉がついてくると体重はむしろ増える人もいます。しかし、ある程度走り続けていると、体重は一気に落ちます。ランニングでの体重減少は直線ではなく、階段のように落ち、しばらく停滞し、また落ちるというサイクルになっています。ですから体重が減らないときは、長いスパンで起こる体重の変化を楽しみに待っていてください。

走れば走るほど
カラダは変わります

Q
あまり上達している気がしないのですが……

A 毎日走り過ぎていませんか？　一所懸命に練習するのはいいことですが、走り過ぎ（＝オーバーワーク）は上達するためにはかえってマイナスになります。トレーニングとは、運動と同時に回復のための休息も含まれているのです。

少しずつでも続けていれば、確実に上達していきますから、安心してください。

Q
慣れて物足りなくなってきたのですが、時間が割けません

A 時間がないということはどうしようもないので、少し速めのスピードで走ってみてはいかがでしょうか。また、休日にまとめて「2時間、3時間」と走れるだけ走るのも、物足りなさから抜け出す有効な方法です。

COLUMN 2

1時間くらい走れるようになったら、5kmのタイムを計ってみよう

趣味のランニングなら、タイムを気にする必要はありません。自分のペースで、できる限りゆっくり長く走ることを目的としていればいいでしょう。ランニングに慣れて1時間くらい連続して走れるようになってきたら、タイムを少し気にしてみるのもおもしろいと思います。

ここでは“5kmのレベル別推奨タイム”を紹介しています。ただし5kmを何分で走ったかではなく、1時間で走った距離から5kmのタイムを算出してください。たとえば1時間で8km走った場合は、1kmが7分30秒、5kmでは37分30秒となります。このような計算で、自分のタイムを計ってみましょう。とはいえ、タイムにとらわれすぎると、スピードを上げようと必死になり、ランニングがつらいものになってしまう恐れもあります。ですから最初は、楽しく長く走ることに重点を置き、「上達したな」と思えたときにタイムを計ってみるくらいの遊び感覚でやってみるとよいでしょう。

	初級	中級	上級	一流
1km	8分	6分	4分	3分
5km	40分	30分	20分	15分
フルマラソン	約6時間	約4時間30分	約2時間50分	約2時間06分

5kmの推奨タイムをフルマラソンに換算すると、上の表のようになります。
もし、5kmを30分（1時間10km）で走れるようになったら、
レースに挑戦してみてはいかがでしょうか？　ここまで走れるようになったのであれば、
5km40分くらいのペースで走って十分完走をねらえるレベルに達しています。
自分のレベルに合わせて新たな挑戦、新たな楽しみを見つけていけば、
ランニングを楽しみ続けられるでしょう。

chapter 3

ランニングを習慣にする!

金哲彦のランナーズ・カウンセリング

THE RUNNERS COUNSELING

RUNNER'S COUNSELING 1

継続&上達の鍵は「いつ走るか」を決めること

ランニングを始めるにあたって、まずやるべきことは**〝ランニングの時間をつくること〟**です。自分のスケジュールを考えて、たとえば「毎日7時から1時間はランニングに費やせるな」というように、使える時間帯を見つけましょう。

「今、走りたいから走る」というのでもいいのですが、**ランニングの時間を自分の中で〝予約〟しておけば、それがいつの間にか習慣となります。**そうなると、長続きしやすくなり、なにより気まぐれに行うよりは計画的なほうが、走りの上達も早くなるのです。上達の楽しみがわかれば、その先には数多くのメリットが待っています。

また走るときには毎回、**自分なりの目標を立てておくとよいでしょう。**10分走ってバテる人は11分走る。1km走れたら、次は1.5km走る、などそのときの自分がなんとか達成できそうな目標を常に設定しておくと、日々のランニングから充実感と達成感を得られるので、より楽しく走れます。

Kin's
RUNNING
CLINIC

計画的なランニングは
生活や食事の質も変える

スケジュールを組むことのメリットは、ランニング技術が上達することだけではありません。

「毎週土曜日の８時〜10時はランニングをする」と決めたとします。すると金曜日の夜に飲みに行っても「明日は走るから、この辺でやめとくか」と酒量を抑えたり、「こんな脂っぽいものばかり食べたら明日、気持ちよく走れないな」と食事の内容や量を自制する気持ちが表れたりします。

お腹いっぱい食べることで得ていた満足感を、カラダの奥から気持ちよくなれるものに少しだけ切り替える。すると、生活や食事の質が変わり始め、より健康的なカラダに生まれ変われるのです。

RUNNER'S COUNSELING 2

どれだけ忙しくても**時間をあけられるコツ**はある

忙しい毎日を送っている人にとって、ランニングは、かなり時間の制約を受ける運動だと思われがちです。しかし時間というものは、創意工夫でいくらでもあけられます。

大事なのは始める前から、「できない」「時間がない」「続けられない」と決めつけないことです。**「ライフスタイルを崩さずに、どうしたら続けられるか?」と前向きに考えましょう。**

たとえば、大変多忙な私の友人は夜遅くまで仕事や会食が多いので、1時間の昼休みに8㎞走り、パパッと軽食を食べて午後の仕事に入るそうです。皇居の周りでも昼休みに走っているサラリーマンランナーをよく見かけます。

具体的に時間をあけるコツを知ってもらうために、106ページから、練習メニューをつくるうえでのカウンセリング例を3人分、紹介しています。

これらを参考に、日々のスケジュールの中から使える時間を見つけ出し、無理なくランニングを続けていくための〝土台〟をつくりましょう。

［ 計画的なランニングで健康的な人生を ］

1 最初は無理なく時間をとる

初めてランニングをする人にとって、走ることはカラダに対してかなり大きな刺激になります。そのため、強引なスケジュールを組んでしまうと、徐々に走ることがおっくうになってしまいかねません。最初は無理なく、自分が余裕をもってできる範囲で行いましょう

2 走ることにカラダが慣れる

無理のない練習メニューでも、実践すればカラダは徐々に変わっていきます。また走れる距離が延び、走ることの気持ちよさを身に染みて感じられます。走る日を増やしたり、時間を長くとったりして、ランニングを楽しく満喫できるようなメニューにしていきましょう

3 ランニング主体の生活に変わる

走り始めて１～２年経つと、走ることが日課となり、２日も走らないとカラダがウズウズしてくるようになります。こうなれば、お酒をコントロールするようになったり、禁煙をしたり食事にいっそう気を遣ったりと、ランニングを楽しむために「カラダを常によい状態にキープしよう」との意識が生まれ、楽しみながら健康なカラダづくりを行えるのです

初心者用の練習メニュー（体力、運動能力に不安がある人）

はじめてランニングをする人、体力にまったく自信のない人は、まずはここからスタートです！

ウォーキングが中心なので、ランニングからは離れているように思うかもしれませんが、運動経験がない人の多くは、カラダをうまく使えません。このメニューで体幹を使った動きを覚えてから、本格的なランニングメニューに切り替えていきましょう。

人によって多少、期間は異なりますが、3か月もあれば確実に体幹を使った歩き方ができるようになります。ウォーキングが中心でも体力はついてくるので、安心して始めてください。気持ちよく感じるペースで、楽しんで続けましょう。

	月 Mon	火 Tue	水 Wed
練習の時間	60分		30分
内容	Walk 	休み 	Walk 

日 Sun

30分

Walk

土 Sat

20分以上

Walk

10分

＋

ゆっくりJog

疲れたら終了

2〜3セット

金 Fri

休　み

木 Thu

30分

Walk

ADVICE

初心者卒業の目安は1時間走り続けること

「1時間なんて走れない！」。最初はそう思うかもしれませんが、それほど難しい目標ではありません。運動経験のまったくない人でも3か月後には30分間、半年後には1時間をラクに走り続けられるようになります。ポイントは土曜日の練習方法。この日は合計60分動くことを目標に、「ウォーキング10分＋ゆっくり走る10分×3セット」から走る時間の割合をだんだん増やしていきます。60分、連続して走れるようになったら、初心者を卒業です！

Walk 10分 ＋ ゆっくりJog 10分 ×3セット 計60分 ※セット間に2〜3分歩く ▶ Walk 10分 ＋ ゆっくりJog 20分 ×2セット 計60分 ▶ ゆっくりJog 60分 ▶ 初心者卒業！

健康維持用の練習メニュー

	月 Mon	火 Tue	水 Wed
練習の時間		30分	30分
内容	休み 	Walk  ※用語解説❶	Walk 

「健康に不安があるからランニングを始める」という人は大勢います。しかしやりすぎはカラダに毒です。

そこで、健康維持を目的とする場合は無理をしないことを第一に考えてください。体調が悪いのに「今日は60分走る日だから」と60分をきっかり守るのではなく、そういうときは潔く走るのを休むか、10分で切り上げるなどの自制をしていきましょう。

練習メニューを見ると非常に簡単に思えますが、ランニングで健康になるには、これでも充分効果はあります。しかし、当たり前のことですが、健康を考えるなら運動だけでなく、ふだんの生活リズムや食生活も重要です。

日 Sun	土 Sat	金 Fri	木 Thu
30分	60分		30分
Walk 15分	ゆっくりJog 無理をしない!	休み	Walk 15分
＋			＋
Jog 15分			Jog 15分

※用語解説❶

ADVICE

食事もランニングもメニューが大事

118ページから紹介している食事のコツもしっかり取り入れて下さい。そうすれば、健康に自信が持てなかった自分のカラダも、徐々に変わっていくことが実感できるでしょう。食事がとてもおいしく感じられ、またカラダがタバコを欲さなくなるなど、すぐにでも健康に対する実感が得られると思います。

用語解説❶

Walk と Jog

Walkは、“ウォーキング”のこと。本書で紹介しているきれいな歩き方を行ってください。Jogは、“ラクなペースで走る”ことです。呼吸が乱れないくらいのペースで走りましょう。103ページで出てくるLSDよりわずかにカラダの負荷も大きいため、走る時間と距離が少し短くなっています

ダイエット用の練習メニュー

	月 Mon	火 Tue	水 Wed
練習の時間	60分		90分
内容	Walk	筋トレで基礎代謝アップ	Walk しっかりやる!

18〜32ページのウェイクアップ・メソッドを2〜3セット行いましょう

　健康維持用のメニューに続いて、ダイエット用のメニューを紹介します。
　この場合は、運動自体には健康維持と同じくそれほどの負荷はかけなくてもかまわないのですが、できるだけ長時間続けることがもっとも重要です。
　運動はウォーキングがメインですが、時間は60〜90分と長めに行うようにしましょう。脂肪は、60分以上の運動を行ってから、ようやくガンガン燃え始めます。つまりこのメニューは、90分の日に脂肪を燃やして、残りの日は燃えやすくなったカラダを維持するために行うものです。そして、週2回のランニングの日で筋力をつけ、基礎代謝も増進させていきましょう。

chapter 3 目的別練習メニュー ❸

日 Sun	土 Sat	金 Fri	木 Thu
90分	60分	60分	
筋トレで基礎代謝アップ	筋トレで基礎代謝アップ	Walk	筋トレで基礎代謝アップ
＋	＋		
LSD	Jog		
※用語解説❷			

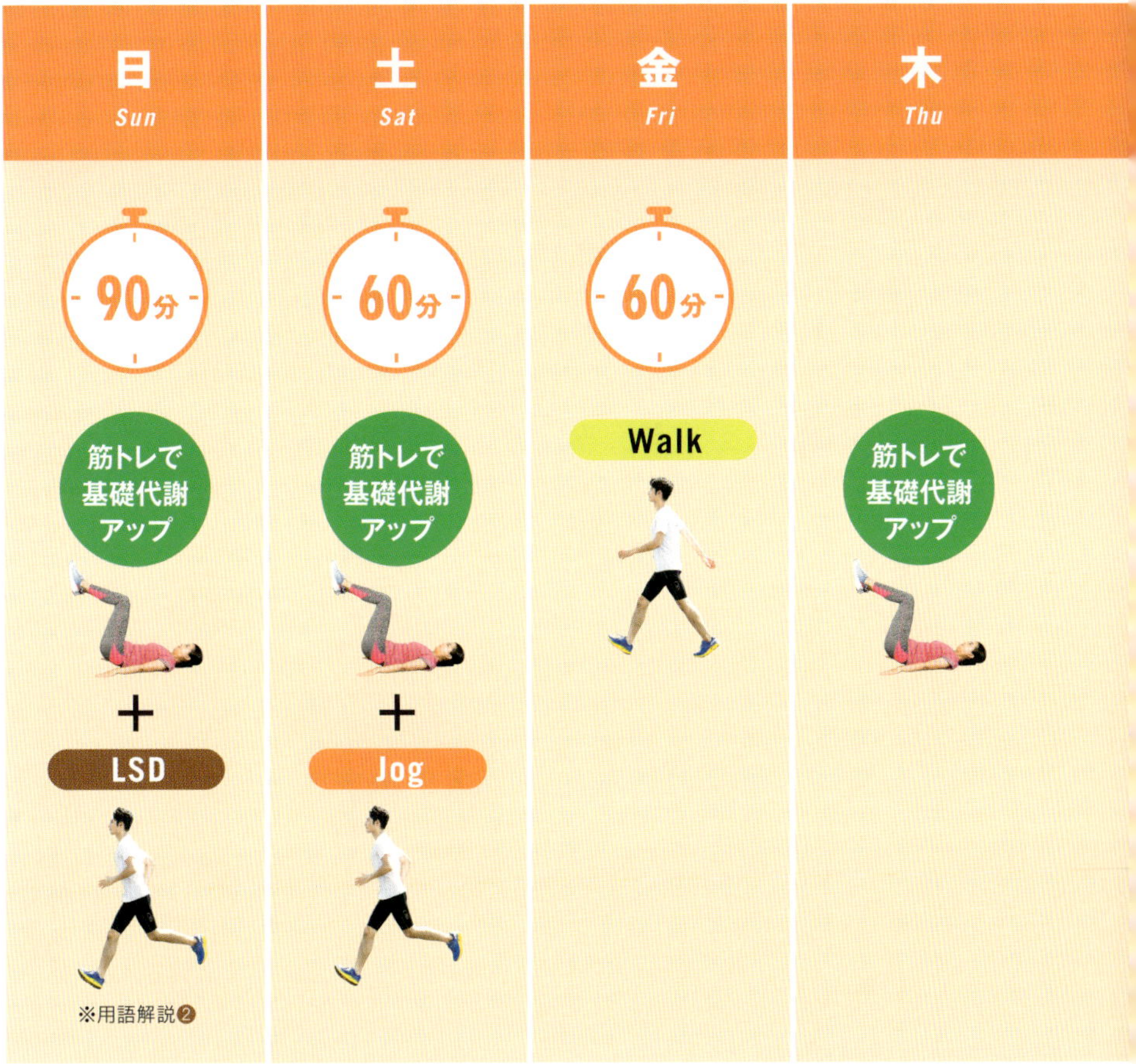

ADVICE

体重が落ちにくくても体脂肪は減っている！

この練習では筋肉も同時につけていくので、始めてしばらくのあいだはなかなか体重が減らないかもしれません。しかしこれは脂肪が燃え、筋肉がついているだけで、確実に体脂肪は落ちています。ある程度まで筋肉がつくと、今度は一気に体重が減っていくので、最低でも1か月は続けるようにしてください。

用語解説 ❷

LSD

Long Slow Distanceの略で「ゆっくり長時間走る」トレーニングです。本書でもたびたび「ゆっくり長く」という言葉を使っていますが、まさにそれを実践する練習法です。ゆっくりといっても人それぞれ基準があるでしょうが、仲間と会話しながらでもまったく苦にならない程度のペースなら問題ありません

中・上級者用の練習メニュー

	月 Mon	火 Tue	水 Wed
練習の時間	30分		60分
内容	Walk  または Jog 	休み 	Jog 
距離	5km		10km

ここで紹介しているのは、フルマラソンを完走できる人が行う上級者用の練習メニューです。ラクとは言い難い内容ですが、目標の高いランナーであれば、これくらいのメニューはこなせるでしょう。

ダイエット用などのメニューを数か月行って、もっと走りを楽しみたい人は、このメニューをベースに、やや抑えめのスケジュールをつくってみてください。

自分でメニューをつくるときは、1週間に走る距離も考えるといいでしょう。上級者なら週に55km、月に150〜200km程度を、それ以前のメニューから移行した当初なら週に15km、月に50〜80kmくらいをそれぞれ目安にして、調整してみましょう。

日 Sun	土 Sat	金 Fri	木 Thu
60分	120分	30分	30分
Jog 	LSD 	Jog  ＋ WS  ※用語解説③	Walk  または Jog 
10km	20km	5km	5km

ADVICE

走れる人ほど、“休足日”を大切に！

休みは必ず入れましょう。走る楽しみを知れば知るほど走りたいという欲が出てきます。しかし疲れた筋肉は休むことで再生し、より強い筋肉へと生まれ変わっていきます。最低でも週に1、2回は“休足日” をとりましょう。どうしても動きたいと思ったときは、水泳などほかのスポーツで発散してもよいでしょう。

用語解説③

WS

Wind Sprintの略で、全力疾走の7～8割の力で走る練習です。jogと比べて負荷が大きく、長時間は走れません。しかし筋肉や心肺機能にほかの練習とは異なる刺激を与えられるので、カラダはより進化します。ただ、レースで好タイムを出したいのでなければ、取り入れる必要はないでしょう

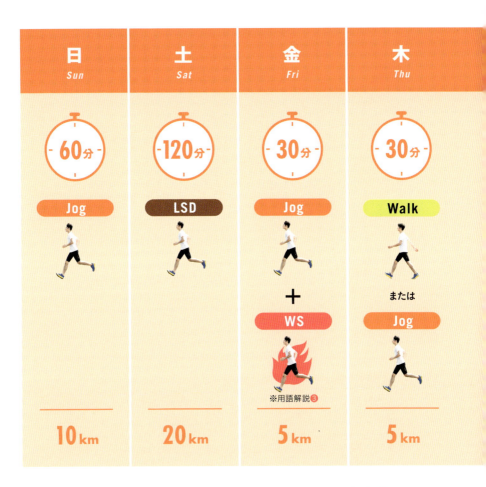

金コーチがアドバイス!

RUNNER'S SCHEDULE ❶

《相談者》

Aさん(32歳・女性)
独身・会社員

残業続きの職場で体重が
最大記録を更新。体調面が心配になりました。
運動経験がほとんどないので、
激しい運動は苦手。早く帰宅した日は
運動したいとも思うのですが、気力も出ません。
夕飯の量が多くなりがちで、カラダが、
というよりは精神が充足を得たくて
食べている感じなので、
減らしたいとは思っているのですが……

改善ポイントをチェック!

❶❷ 通勤にウォーキング時間を

体重が増えている今、いきなり走り始めると、ひざを痛めるなど故障の原因になります。まずは平日の週2、3日、歩く習慣をつけましょう。20〜30分歩ける通勤路を開拓してみてください。

この際、48〜53ページの「きれいに歩く」を実践しましょう。

❸❹ 夕食はなるべく早めに

夕食の時間が遅すぎますね。おにぎりを持参し、残業中に食べて、帰宅後はおかずだけにします。そして夜食のおやつは野菜スティックなど、カロリーが低いものに。このひと工夫で体重も変わってきます。

❺ 出かけるときの服装を変えてみて

休日の撮影は、ぜひランニングシューズとスポーツウェアという軽装で外出を!

服装を変えるだけで行動まで変化します。次の場所まで早歩きや小走りで移動するのもラクですし、何より、そうしたい気分になります。

またバッグはトレイルランニング用のリュックにチェンジ。

お洒落だしカッコよく見えますよ!!

［ Aさんのスケジュール ］

休日

8:00	起床
9:30 ↓	❺ **外出（趣味の写真を撮りに行く日はよく歩く。** 外出しない日は昼寝・趣味・学習・家事など）
13:00 ↓	外食
19:30	帰宅・夕食
20:00 ↓	趣味・学習（どちらもPC作業）
23:00	入浴
24:00	就寝

平日

7:00	起床
8:00	❶ **出勤（電車）**
9:00 ↓	出社（デスクワーク）
12:30 ↓	昼食（麺類が中心。コンビニ食。日によってまちまち、時間は1時間）
13:30 ↓	デスクワーク
19:00	終業
20:00	❷ **帰宅（電車）** ・ ❸ **夕食**
21:00 ↓	趣味・学習（どちらもPC作業） 家事 ❹ **夜食（プリン、菓子など）**
24:00	入浴
25:00	就寝

金コーチがアドバイス！

RUNNER'S SCHEDULE ❷

《相談者》

Bさん（40歳・男性）
既婚・会社員

学生時代は部活で野球をやっていました。
社会人になってからは、気が向くと
走ったりしていますが、終業時間が遅いのと
休日は妻や子どもたちと出かけることが多いため、
なかなか運動を習慣化できていません。
今は週1～月2回ジムで走ったり
筋トレしたりはしているのですが、
ほかは特に運動していません。
腹が出てきたのが悩みです。

改善ポイントをチェック！

❶ 昼休憩にランニングを

平日の運動量を増やしたいのですが、運動できるタイミングは出勤前、
昼休み、終業後の3つ。朝は慌ただしく、夜はヘトヘトだと思うので、
職場環境が許せば、昼休憩に30分間のランニングをオススメします。
週1、2回プラス、週末ランで頻度は充分。カラダもスッキリしてきますよ。

❷ ランチは軽めに

食生活で気になるのは、ランチの丼ものです。
昼休みランが習慣になれば、走った後の食事も、自然と軽いものに
変化します。これも、昼休みランの効果なのです。

❸ 休日の移動はランニングに

生活のリズムは整っていますが、運動量が少なすぎますね。
そんなお父さんにピッタリの方法があります。
家族で外出する際、行きか帰りは、一人だけ現地、
または家までランニングで移動してしまうのです。
もちろん、早歩きウォーキングでもOK。

[Bさんのスケジュール]

休日

7:30	起床・朝食 掃除・家の仕事
10:00	❸ **家族で外出**
12:00	外食
18:00	帰宅・子どもと風呂
19:00	夕食 （缶ビール２～３本） 家族団らん
21:00	テレビ・読書・ 仕事の準備
23:00	就寝

平日

6:00	起床
7:30	出勤（子どもを保育園に送り、電車移動）
8:45	出社
12:00	❶ **昼食（外食が多く、おもに丼もの）** ❷
13:00	仕事
19:00	（～21:00）終業
20:00	（～22:00） 帰宅・夕食・テレビ・ 入浴
24:00	就寝

《相談者》
**Cさん（36歳・女性）
専業主婦**

子どもが二人とも小学生になり、
ようやく自分の時間もとれるようになってきました。
学生時代はバレー部で運動経験はあるので、
運動を始めたいのですが、家事に追われると
「運動しよう」という気持ちが飛んでしまい、
気づけば翌日に…。
あちこち体脂肪が目立つようになってきたし、
運動の続け方がわからない…
という現状です。

改善ポイントをチェック！

❶ オススメは午前中に走ること

多くのママさんランナーが走っているのは、じつは午前中です。
時間にも余裕があるようなので、家事が片付いたら走りましょう。
ランチもおいしく食べられます。30分～1時間のウォーキング
またはジョギングが出来るなら、その後昼寝してもOK。
動かないのに「食べて、寝て」はダメですよ!

❷ 買い物も歩くように心がけて

1km先のスーパーに行くにも車移動する方がいますが、
2～3kmの距離ならばリュックを買い物バッグにして、
往復歩いて移動しましょう。両手が空けば歩くのもラクチンです。

❸ 子どもと一緒に運動を

チャンスは子どものサッカークラブが終わるまでのあいだです。
お母さんもおしゃべりをしていないで、その周辺を走りましょう。
運動が出来る環境にいるのにもったいない。
ママさん友だちを誘って、一緒に走るのもいいですよね！

［ Cさんのスケジュール ］

休日

6:00	起床・お弁当作り
7:00	朝食準備・朝食 ❸ **子どもを サッカーチームに送る**
10:00	（～12:00頃） 家族で外出
13:00	昼食
16:00	帰宅
17:00	夕食準備
18:30	夕食・家族団らん
21:00	入浴
22:00	就寝

平日

6:00	起床・お弁当・朝食準備
7:00	子どもを起こす・朝食
8:00	子ども送り出し・片付け ❶
9:00	**洗濯・掃除**
12:00	昼食 ❷
13:30	**買い物**
15:30	テレビ・子どもとおやつ
16:30	夕飯準備
18:00	上の子どもを塾に送る
18:30	夕食・家族団らん・入浴
22:00	塾のお迎え
23:00	就寝

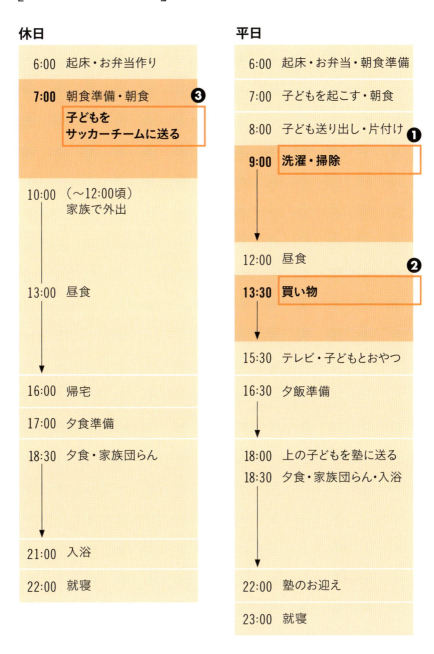

RUNNER'S COUNSELING 3

走る力がグングン伸びる ランナー的カラダの使い方

ランニング生活を始める際にやるべきことのひとつが、**生活の見直し**です。106ページからのスケジュール例でも触れていますが、食事や睡眠のほか、カラダの使い方を変えて、ランナー的な生活に切り替えましょう。

カラダや脚を使わない生活を続けると、脚力や姿勢を維持する筋力が衰えていきます。すると、「疲れるから歩きたくない」と、ますます動かない生活になります。でも、歩くだけで疲れていては、とても走れませんよね。

たとえば、家のなかの用事も「あとでまとめて」ではなく、まめに立ち上がって済ませたり、2階まで行ったり来たりを面倒くさがらず行う。何でもリモコン操作に頼らないで自分が動くなど、こまごま動くクセをつけましょう。

ランナーらしい生活のポイントは、ひとつ目は積極的に歩く、2つ目は脚を使う習慣をつけること。「カラダを動かすのは面倒」という意識を気持ちよい、楽しいという意識に変えて、フットワークのよい毎日を送りましょう。

［ ランナー的日常動作のポイント ］

ACTION

姿勢を意識

立つ、座るときは姿勢を意識。特に同じ姿勢で長時間座っているときは姿勢が悪くなりやすいので、時々胸を開くなど意識して修正しましょう

ACTION

肩甲骨を動かす

走るためのエネルギーは肩甲骨を動かすことから生まれます。肩甲骨周りがかたまらないように動かすクセをつけると、姿勢の改善やラクな腕振りや呼吸につながります

WALKING

脚を使う

まずは積極的に歩くことです。そして日常生活で脚を使う習慣をつけることです。歩く生活が当たり前になると、いつでも走り出せる心肺機能と脚力をキープできるようになります

WALKING

「歩く」ことがランニングにつながる!

1日1万歩生活をめざそう

都会ではエスカレーターや動く歩道での移動が、地方では1㎞程度でも車移動が当たり前。現代人は歩く機会が極端に減っています。しかし、歩きはランニングの基礎づくりに最良のトレーニング。体力がなくても、どんな体形でも無理なくでき、基礎体力も上がります。また、ランニングフォームの練習にもなります。

ポイントは距離を歩くことです。だいたいの目安ですが、5～10㎞ランニングする人の1日の総歩数は、2万～2万5000歩程度です。走らない日でもその半分、1日1万歩をめざしましょう。すると、2、3日走らなくても体力が衰えないので、またすぐに走り出せます。

《 1日1万歩生活のポイント 》

POINT 1
「2㎞先まで歩く」を日常的な感覚にしよう

だいたい2～3㎞歩くと4000～5000歩。1～2㎞先のコンビニエンスストアやスーパーマーケットまで歩いて買い物に行く生活を当たり前にしましょう。都会であれば地下鉄の1、2駅先は歩いて移動。いい汗をかけるし、満員電車に揺られるより、気持ちも晴れ晴れしますよ

POINT 2
“マーチのリズム”で持久力をアップ

ランにつながる歩き方のコツはフォームとペースにあります。オススメは1分間に120歩のマーチ音楽のリズムに合わせたペース。歩きやすく、かつ負荷も少し高いので、心拍数が上がり､持久力がついてきます

Kin's
RUNNING
CLINIC

アスリートたちも歩きを大事にしている

　多くマラソン選手たちは、フルマラソンに向けての最初の練習で、40㎞を歩きます。そこで距離の感覚をカラダに刻んだり、有酸素能力を高めたりします。また、走り込みが増える時期は硬くなった脚の筋肉を整えるストレッチ代わりに、レース直前の調整期は筋力低下を防ぐためにウォーキングを取り入れています。走りと比べて着地衝撃が少ないため、長時間歩いても故障しません。ウォーキングは日本のトップランナーたちにとっても、万能なトレーニングなのです。

ACTION

走る力は生活のなかで鍛えられる

体幹部と脚を使う習慣をつけよう

毎日の行動を改めて見返すと、職場で、駅で、家の中でと、カラダと脚を使うチャンスがたくさんあることに気づきます。たとえば、イスに座る際は背もたれを使わないだけで体幹トレーニングになりますし、エスカレーターと階段があったら必ず階段を選べば脚力が鍛えられます。

最初こそ「疲れるな」「大変だな」と感じても、この生活を続けているうちに、心肺機能も脚力もどんどん上がります。しだいに何でも楽々とこなせるようになり、かえって楽しくなるでしょう。

わざわざ筋トレに時間を割かなくても、習慣化された行動は必ず、カラダの変化として表れますよ。

階段を使う

駅ではエスカレーターやエレベーターを使わず、階段を昇り降りするようにしましょう。歩く距離を稼げるだけでなく、階段昇降では片脚でカラダを支えるため、脚力もつきます。会社や買い物時にも習慣づけましょう

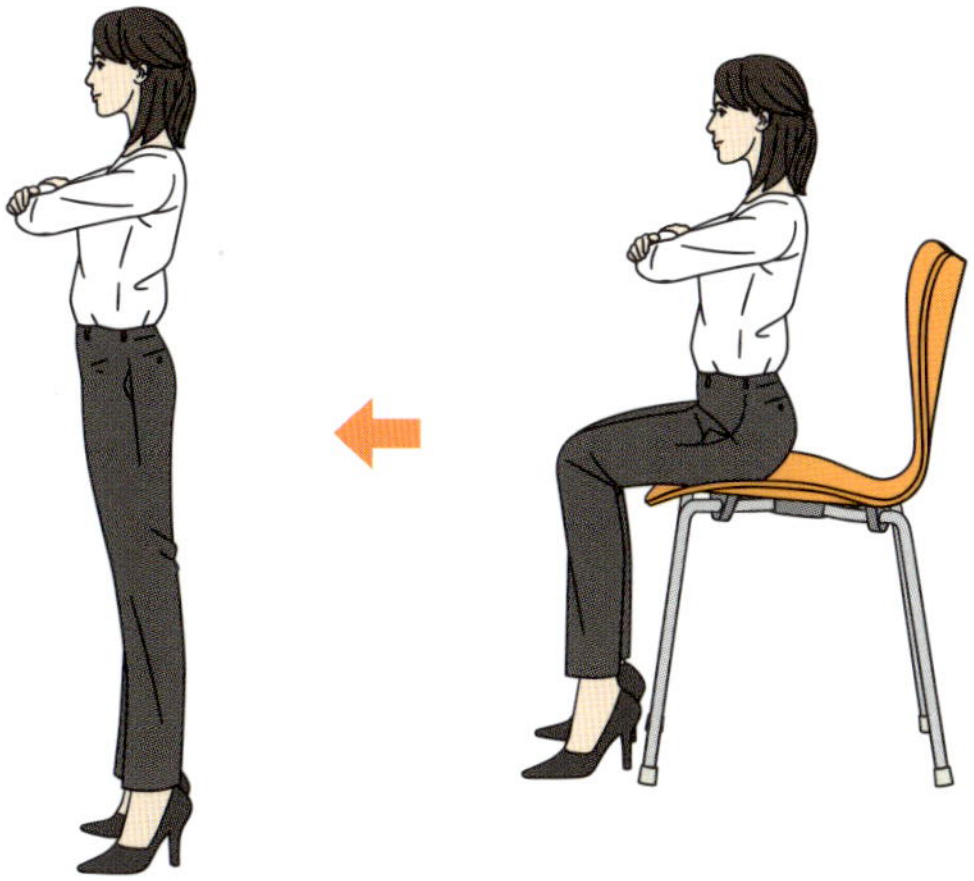

イススクワット

イスから立ち上がったり座ったりするときは、「よいこらしょ」と太ももに手をつかないようにしましょう。腹筋を使わないと動作ができないうえ、スクワットなので下半身の筋力アップにつながります。やり始めると、意外と１日に何度もできるチャンスがあることに気づくと思います

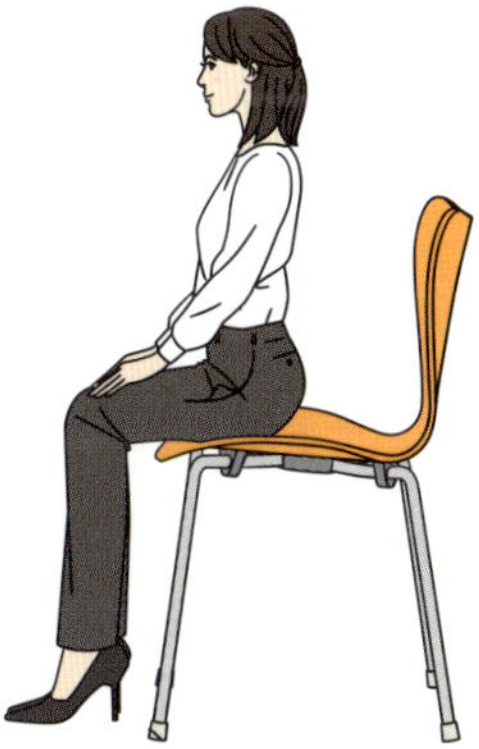

イスの座り方

イスに座るときは、座面に浅く腰かけましょう。ポイントは背もたれに頼らないこと。腹筋群が自然に使われるため、体幹トレーニングになります。自宅やオフィス、電車、カフェなど、イスに座る場面ではまめに意識してみてください

肩甲骨回し

デスクワークの合間に、まめに肩甲骨を回しましょう。両手の指先を肩に乗せ、ひじの向きを「下→正面→上→真横」の方向にしっかり向けながらていねいに回します。前回し、後ろ回しを各5〜10回ずつ行いましょう

Kin's
RUNNING
CLINIC

スタンディングデスクを取り入れる

長時間のデスクワークは、姿勢の崩れや筋力低下につながります。そこで、可能な人は可動式のスタンディングデスクを使うのもオススメです。脚を使えるだけでなく、肩を回したり、伸びをしたりと、いろんな動きが自然とできるでしょう。

RUNNER'S COUNSELING 4

新鮮な食材を正しくとれば、強く美しいカラダになる

人間の細胞はだいたい、10か月で入れ替わるといわれています。

そして、その細胞をつくるためのエネルギーや材料は、日々の食事から得られているのです。

つまり、**現在あなたの食べているものが、これからのあなたのカラダをつくる**ということです。毎日の食事が10か月後のカラダをつくるのです。

ファストフードに代表される油ものやカロリーの高いものばかり食べていると、当然、入ってくる栄養も偏るため、カラダも油っぽく、脂肪もつきやすくなります。それでは走ってもすぐにバテてしまい、楽しくランニングができません。

逆に、栄養のバランスを考えながら、適したカロリーを摂取していれば、カラダはより美しくなり、身体機能が向上するため、疲れにくくなり、筋肉もつきやすいカラダになっていきます。

走り方、メニューづくりと紹介してきましたが、食事にも気をつけて、より楽しく走れるようになりましょう。

［ 必要な栄養素を摂りやすいオススメ食品 ］

食事は、バランスよく栄養を摂ることがいちばんです。
つきなみですが、やはり“1日30品目”が理想です。
ただし、くれぐれも食べすぎないように注意しましょう

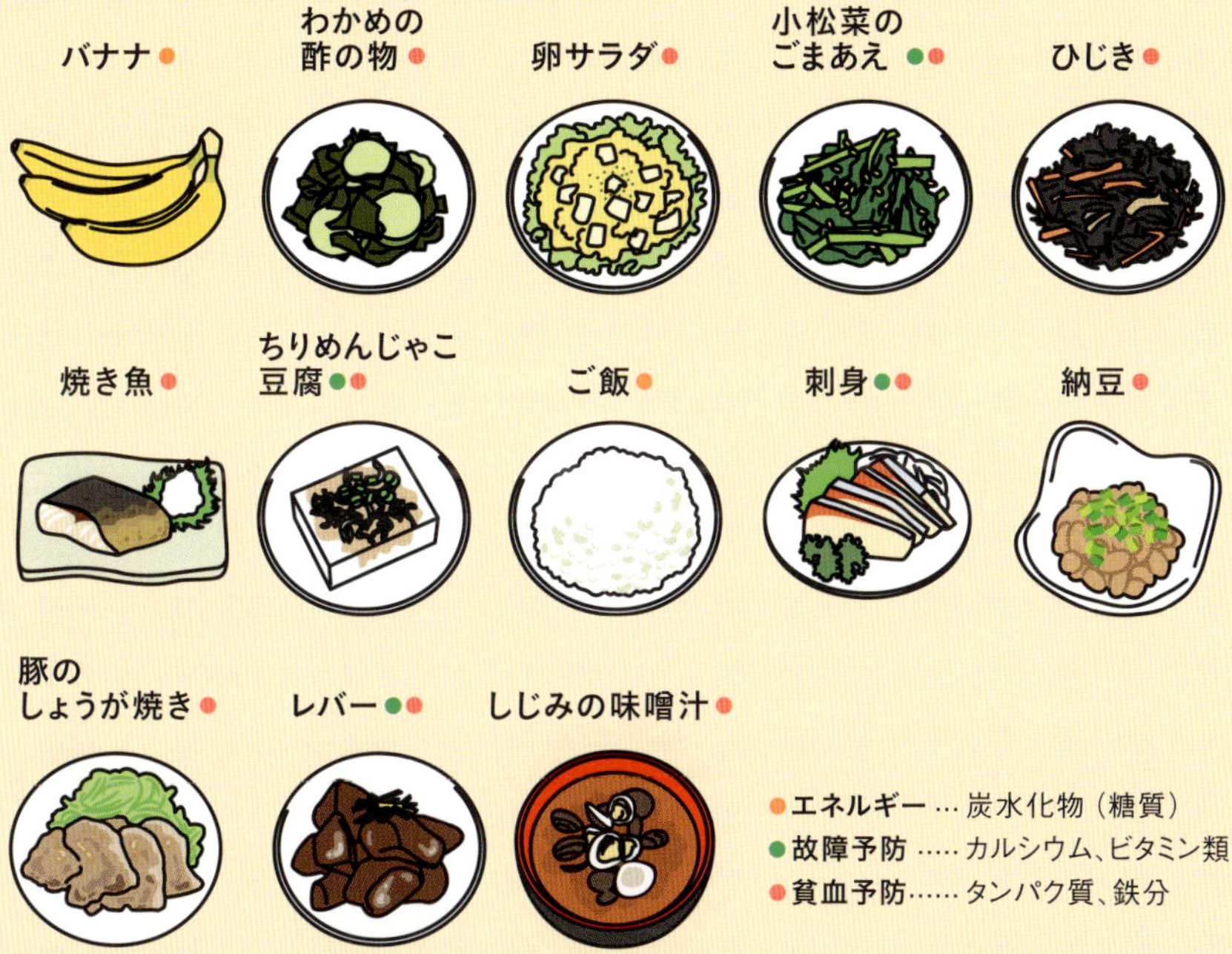

Kin's RUNNING CLINIC

納豆や海藻類は毎日でも食べてほしい食材

主食のご飯やパンは、エネルギーの素なので欠かせません。そして故障を防ぐには神経伝達に関わるマグネシウムとカルシウム（骨の素でもある）や体調を整えるビタミン類が、貧血を防ぐには赤血球の素である良質のタンパク質と鉄分が有効です。それらを多く含む食材を積極的に食べましょう。また、走ると大量に汗をかきます。汗をかくことはとても健康によいのですが、カラダの中のミネラルなども微量ながら排出してしまいます。それを補えるひじきや納豆、めかぶ、根菜類などのミネラルを豊富に含む食材は、ランナーには不可欠です。とくに中・上級のランナーは、しっかり食べるようにしてください。

RUNNER'S COUNSELING 5

脳が欲したものではなく、カラダが欲したものを食べる

バランスのよい食事といっても、実際どんなメニューがいいか悩んでしまう人も多いと思いますが、悩むことはありません。カラダが欲したものを食べればいいのです。

ただし、気をつけてほしいのは**〝好きなものを食べる〟のではなく、あくまで〝カラダが欲したものを食べる〟**ということです。

たとえば、汗をたっぷりかいて水分がほしくなったとき、水で充分なのに、自分が好きな甘いジュースを飲んでしまう人もいます。それはカラダではなく、脳が欲してしまったものなのです。

また、お昼にカツ丼を食べた日の晩は「あっさりとソバでも食べようか」という気分になることも多いでしょう。それは、カラダが「もう脂分はいらない」とサインを送っているのです。

このようなサインに従ってメニューを選ぶようにすれば、食生活の偏りは少なくなります。そしてランニングを続けていれば、この感覚は磨かれるのです。

[運動能力の改善に役立つ栄養素]

栄養バランスのよい食事を心がけるのが第一ですが、
ランニングに限らず、運動をしていると「もっとスタミナをつけたい」
「さらにパワーアップしたい」と欲（向上心）が出てくるものです。そのような場合は、
カラダが欲するメニューのどれかを、ここに挙げた食材を使った
ものにしてみてはいかがでしょうか

上げたい運動能力

1 スタミナ

[向上させる要素]
心肺機能

[必要な栄養素]
糖質、脂質、タンパク質、ミネラル（鉄）

[食材例]
ご飯、麺類

スタミナをつけるには、心肺機能の向上がもっとも大事ですが、車と同じく、人間も燃料がなければ動けません。人間にとってガソリンの役目を果たすのは糖質です。心肺機能はランニングを続けていけば自然に養えるため、長めにランニングをする前の食事では、炭水化物をたっぷり含んだ食材を摂るといいでしょう

2 パワー

[向上させる要素]
運動→休養、超回復

[必要な栄養素]
タンパク質・アミノ酸

[食材例]
ご飯（五穀米などがよい）、肉類、大豆製品、果物（キウイ、パパイア、パイナップルなど）

運動をすると筋肉は傷つきます。休めば回復しますが、このとき筋肉は運動の負荷に耐えるために運動前より大きく成長し、それがパワーを生みます。筋肉をつくるのはタンパク質（各種アミノ酸）です。また左に挙げた果物には、タンパク質を分解する酵素が多く含まれているので、筋肉の発達を促進してくれます

3 スピード

[向上させる要素]
神経伝達、関節・腱組織の強化

[必要な栄養素]
カルシウム、マグネシウム、コラーゲン（タンパク質、ビタミンC）

[食材例]
鶏（手羽）、トマト、ひじき、あさり

スピードアップには、神経の伝達速度を速めることと、瞬発的かつスムーズに動かせるだけの腱や関節、筋肉の発達が必要です。神経の伝達を正しく速く機能させるのに必要な栄養素は、カルシウムとマグネシウムです。また関節や腱の発達には、コラーゲン（タンパク質・ビタミンC）の摂取が必要となります

ランナーの食生活

ランナーにオススメの食事例

ランナーは朝から走ることが多く、走ったあとはどうしても内臓が疲れてしまうので、朝食は栄養だけでなく消化のよいものをメインにした食事がベストです。昼食は、朝食とセットで考えてください。朝食で摂れなかったものを昼食で補うようにします。

夕食は1日の最後にとる食事なので、カラダをつくり直すためのメニューを考えるといいでしょう。ランナーで特に不足しがちなのが、鉄分とミネラルです。そこで、鉄分やミネラルが多く含まれるおかずを食べ、あとはカラダづくりに必要なビタミン類やタンパク質などをバランスよく摂取しておけば問題ありません。

朝食のメニュー

朝ランニングした場合は、
内臓が疲れているため、
栄養があり、消化のいい
ものをメインにしましょう

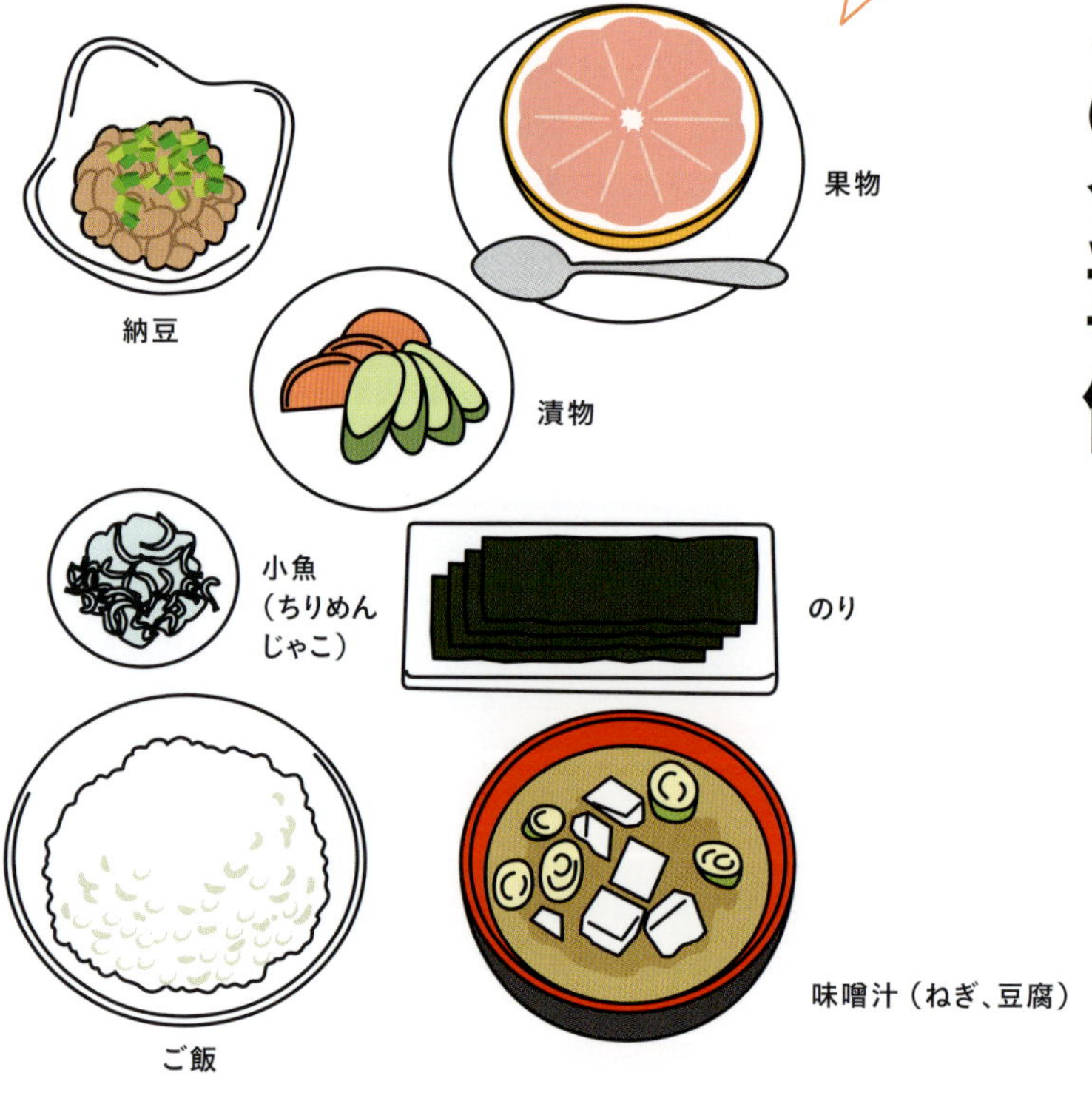

昼食のメニュー

昼食時でもまだ内臓が疲れている可能性もあるので、
なるべく消化のよいものを選ぶといいでしょう

夕食のメニュー

ランナーに不足しがちな鉄分とミネラルを補うため、
シジミの味噌汁、レバーやひじきを小皿でとるなどしましょう

COLUMN 3

LSDで体質が変わる

フルマラソンを走るようになったら、自分の体脂肪を効率よくエネルギーに変えられる体質に変えていきましょう。すると、レース中にそれほど糖分を補給しなくても、エネルギー切れを起こさず、走り続けることができます。

体質改善は、2、3時間のLSDを何回か走ることで可能です。

体脂肪は心拍数120〜130のゆっくりペースのジョグで、20分を境に、燃焼し始めます。2時間を超えると血糖値が下がるため、エネルギー源を体脂肪にシフト。以降は体脂肪がどんどん燃焼します。「2、3時間も走るの？」とハードルが高く感じるかもしれませんが、走り続けなくても大丈夫です。脚が疲れたら2、3分、歩きに切り替えるだけで、脚は疲れから回復し、また元気に走れます。

大事なのは、心拍数をあまり落とさないことです。心拍数が下がると脂肪燃焼効果も下がるので、歩くときも“早歩き”で続けることがポイントです。

燃焼体質にシフトできれば、フルマラソンもダイエットも大成功ですよ。

chapter 4

走りの悩みを一発解消!

金哲彦のランナーズ・ボディケア

THE RUNNERS BODY CARE

RUNNER'S BODY CARE 1

アフターケアが充実感をつくる

本章ではボディケアについてご紹介します。

まずは、走り終えたあとのアフターケアについてです。**疲労回復と筋肉痛予防のために、クールダウン、整理運動、アイシングの3つを行いましょう。**

ひとつめはクールダウンです。これは、走り終えてもすぐには止まって休まず、軽くウォーキングをして徐々に心拍数を下げ、カラダを落ち着かせることです。

続いては、整理運動です。走っていると、筋肉は疲労が溜まって徐々に硬くなっていきます。整理運動を行えば、筋肉が伸び、血液の流れがよくなるため、筋肉痛になりにくくなります。

最後はアイシングです。運動したあとの筋繊維は、炎症と同じような状態になって熱を発しています。運動後の冷水シャワーでかまいませんから、アイシングをしっかりと行ってください。

この3つをランニングの締めとして行えば、カラダが心地よい充実感に包まれるので、一日を楽しく過ごせます。

アフターケアの手順

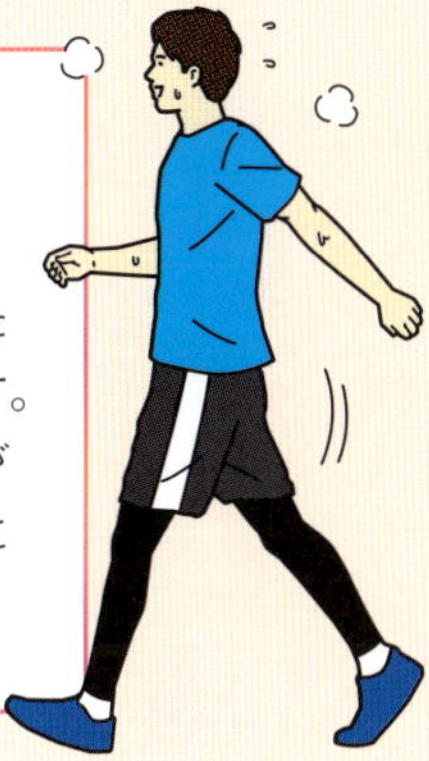

1 クールダウン

走り終えたら歩きましょう。速くなった心拍数を、ゆっくりと落としていけます。こうすることで、筋肉に溜まった乳酸が流れ、すばやく代謝されます。結果的にカラダはラクになるのです

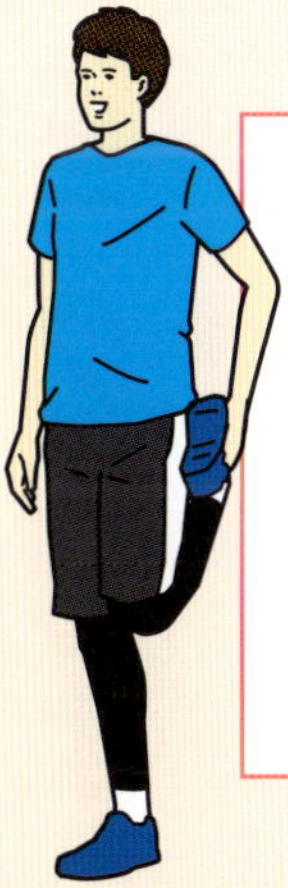

2 整理運動

22〜27ページのストレッチにプラスして、128〜129ページで紹介する運動を行ってください。走ることで疲労し、縮んでしまった筋肉をそのままにしておくと、翌日につらさが残りやすいのです

3 アイシング

体温よりも低い温度のシャワーで、もっとも疲労が溜まる脚と腰をしっかりと冷やしておきましょう。プロスポーツ選手は氷を使いますが、よほど強い痛みがない限り、必要ありません

次に走るのが楽しみになる!

すぐできる、
気持ちいい！

AFTER CARE

整理運動編

走ったあとの5分でカラダをラクにしよう

整理運動は、22～27ページで紹介したウェイクアップ・メソッド［ストレッチ編］にプラスして、ここで紹介する5種目を行いましょう。ランニングによって疲労が溜まって縮んでしまった筋肉を伸ばし、疲れを取っていきましょう。

運動の締めなので、カラダを軽く伸ばす程度の気持ちで行い、全種目の合計時間を3～5分で終わらせるくらいで大丈夫です。

1 腰ひねり

片ひざを立てて座り、伸ばしているほうのひざの外側に足を置きます。立てたひざに反対側のひじをかけ、腰をグーッとひねっていきます。ランニングで疲労した腰まわりの筋肉をゆっくりほぐします

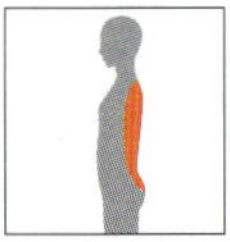

左右で
30秒
程度

2 腰・お尻伸ばし

両ひざを立てて座ります。片足を反対側のひざに乗せ、腰に力を入れて、上体を腰から前に出していきます。腰やお尻の筋肉を伸ばしてほぐします

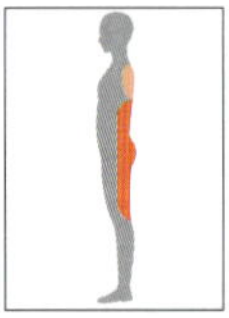

左右で
30秒
程度

3 股関節伸ばし

座って足の裏どうしを合わせ、前に倒していきます。股関節を伸ばして緊張をほぐします

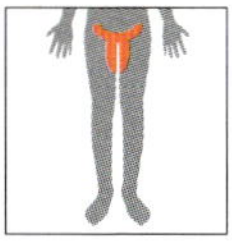

30秒程度

4 カラダひねり

横向きに寝た状態から、上の脚を前方に、上体は正面を向くようにひねります。運動後、緊張している背中やお尻、太ももの筋肉がほぐれていきます

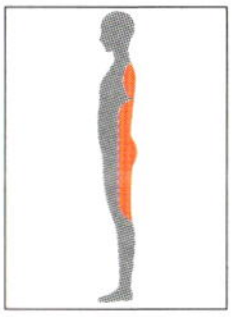

左右で30秒程度

5 背中伸ばし

あお向けになり、つま先が頭の上で床につくようにします。背中や腰などの体幹部の筋肉をほぐします

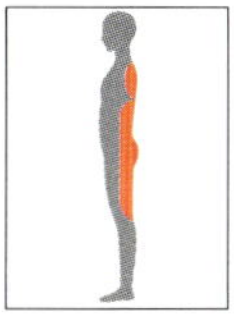

30秒程度

RUNNER'S BODY CARE 2

ランニングを続ければ、カラダに対して敏感になる

カラダの不調をいち早く感じとることも、障害を予防するための大きなポイントのひとつです。

違和感をすばやく察知し、しかも、たとえば〝ひざ〟というだけでなくその〝裏側〟がおかしいというように、**部位までしっかり認識できるようになると、ランニング中に障害を起こす危険性はグンと減っていきます。**

このカラダに対する敏感さは、じつはランニングで養えます。

走り始めてしばらくすると、体調悪化をすぐに察知したり、走っている最中にカラダが少し傾いただけでもおかしな感じがしたりと、カラダへの反応が敏感になっていきます。

自然な変化なので、自分では気づかないかもしれませんが、確実にカラダに対して敏感に反応できるようになっているのです。

走っていて違和感を覚えたときは「気のせいだろう」などと流さずに、部位を特定して、これから紹介する方法で対処しましょう。

ひざだけでも"外側""皿の奥""下側"など、痛みが出る部位はさまざまです。単純に「ひざが痛い」ととらえるのではなく、部位を特定して、138ページから紹介する"部位ごとのケア"の方法を実践しましょう

RUNNER'S BODY CARE 3

疲れを溜めないためにセルフマッサージをしよう

ランニングの障害は、そのほとんどが、走り過ぎによる筋肉の蓄積疲労から起こります。また、それには段階があり、最初は脚に違和感を覚えます。その感じ方は部位によって異なりますが、確実に「いつもと違う」と感じるものです。

次に起こるのが痛みです。この段階に達すると危険で、障害の一歩手前です。それでも無理して走ると、確実に障害を起こします。

障害の度合いは、状況や走力レベル、部位によってさまざまですが、ひどいときには筋断裂になって数か月走れなくなる恐れもあります。そのため、**痛みを抱えたまま走ることは絶対に避けてください**。

ランニングのあと、家に帰ったらすぐに**アイシングとマッサージを行いましょう**。左ページを見ればわかるように、マッサージはひとりでも簡単に行えます。何もしなければ溜まった疲れはなかなか抜けません。セルフマッサージで積極的に追い出しましょう。

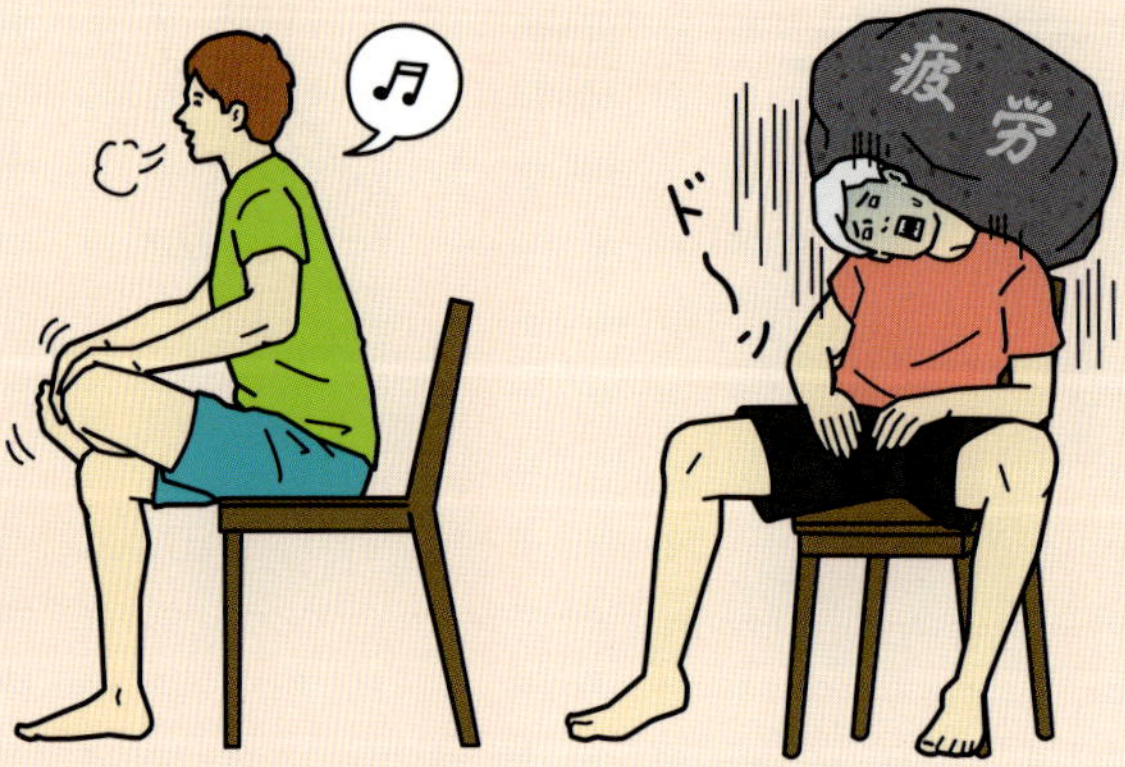

セルフマッサージのしかた

痛みや違和感のある部位は、
筋肉が凝りかたまっているので、そこを探ります。
ほぐす部位は138 ページからの
“ 障害と対処法 ” を参考にしてください

マッサージは、やや強めに、感覚的にいえば“ 痛気持ちいい ” くらいの強さでほぐしましょう

心臓に対し遠い部位から近い部位に向かってほぐします

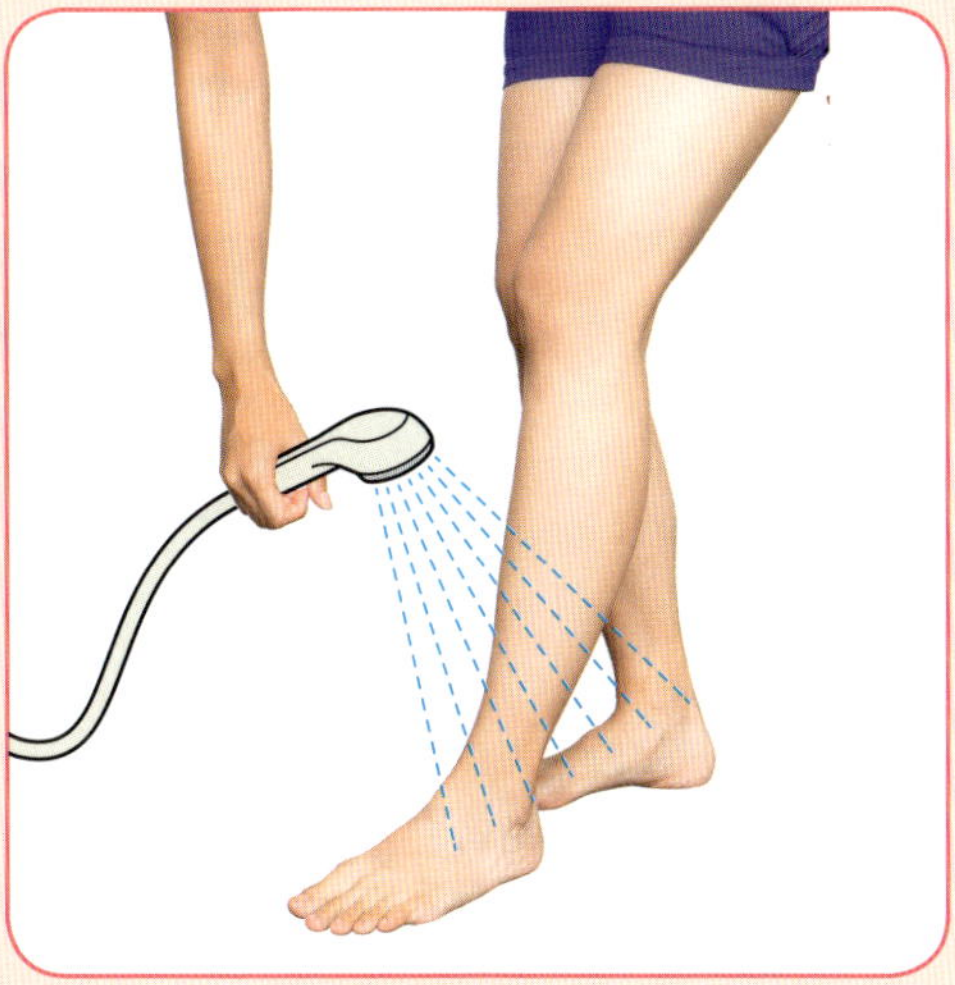

シャワーによるアイシング

体温より低い水温のシャワーを
腰から下の脚全体に当て、
ランニングにより発生した
筋肉内部の熱を下げればOKです

RUNNER'S BODY CARE 4

違和感や軽い痛みでも無視せずに正体を知ろう

どんなスポーツでも、痛みや障害の不安はつきまといます。特にランニングは、夢中になりやすいスポーツなので、つい長時間走り、脚などを痛めてしまう人が多いのが現状です。

ですからランニングをするときは、走り方だけでなく、ケガをしないための方法を学んでおきましょう。特に準備運動や整理運動、アイシングを怠ると、カラダを痛める確率がかなり高まってしまうので、忘れずに行ってください。

ランニング中に感じる痛みには、慢性疲労によるもの、筋力不足から起こるもの、フォームが崩れたときに起こるものなどがあります。

痛みや違和感を覚えたら、一度走ることをストップしましょう。ランニングに〝はまる〟と、どうしても「毎日走りたい」「長く走りたい」という気持ちになるものです。その前向きさはよいのですが、**脚に違和感を覚えたときは逆に「走らない」意志を強く持ってください。**

ランニング中の痛みの原因

慢性疲労

次ページから対処法を紹介しています。慢性疲労時に出る痛みの場合は、すぐに走るのをやめてください

フォームの崩れ

72～84ページのドリルを行ってください

筋力不足

数日間、筋肉痛になる程度なのでさほど心配はいりませんが、痛みを抱えたまま走ると、そこをかばうためにフォームが崩れ、ほかの部位に大きな負担がかかってしまいます。その場合は、フォーム修正のドリルを行い、それでもおさまらないときには、走るのを中止するか、ウォーキングに切り替えましょう

※ちなみに外反母趾で足が痛む場合は、
ある程度の痛みなら市販のパッドを使えば抑えられます。
また気になりがちなO脚やX脚も、痛みや違和感の
直接の原因となるケースは多くありません。
まずは体幹の動きを確認しましょう。ただし、
いずれも極端な場合は、医療機関で相談してください

Kin's
RUNNING
CLINIC

毎日の食事や生活習慣も大事

痛みや障害を予防するには、食生活や生活習慣も重要です。夜更かしした翌日に早朝から走るような無理をしたり、偏った食生活を続けたりしていては、当然カラダは弱り、痛みや障害が起こりやすくなってしまいます。118ページからの食事法を参考にして、丈夫なカラダづくりにも気をつけてランニングをすれば、健康や美容にさらに磨きがかかるでしょう。

ランナーを襲う障害

起きた障害によって、適切な処置を心がける

［ 障害を起こしやすい部位 ］

ランニングには、その人のレベルによって、障害を起こしやすい部位があります。たとえば走り始めたばかりのころ、多くの人がすねに鈍い痛みを感じた経験があると思います。これは筋力不足から起こることで、翌日には治まるか、軽い筋肉痛になるだけなので、それほど重くはありません。

初級者の痛みは、油断さえしなければ深刻な障害につながることはありませんが、1時間以上走っても平気な中級者、上級者レベルになると、慢性疲労による痛みも起こってきます。ここで紹介する“障害を起こしやすい部位”を念頭に、くれぐれも気をつけてください。

［ 障害を起こしやすい部位 ］

中・上級ランナー

Kin's RUNNING CLINIC

子どものころ、わき腹が痛んだ経験はありませんでしたか

走っていて、わき腹が痛くなったことはありませんか？　また久しぶりに走ったら、背中や胸に痛みを感じた人もいるでしょう。これらは急に勢いよく走ったことが原因です。急にスピードを上げると横隔膜が激しく動き、痛みを感じるのです。胸や背中の痛みも、これがおもな原因です。解消法は“ゆっくり走って深呼吸する”こと。こうすれば横隔膜がゆっくり動き、痛みが引きます。

［ 障害と対処法❶ ］

足のマメ

《 こんな症状、出ていませんか 》

足の皮膚と靴の摩擦によってできるのがマメです。靴のサイズが合っていない、靴のソールが薄い、下り坂を走っている時間が長い、左右のバランスが崩れ、片方の足だけに力が加わっている、夏場の路面の温度が高いとき、のように、多くの原因が考えられます

対処法

まず、マメをつぶして水を抜いてください。そのあと、ドライヤーなどでしっかりと中を乾燥させておくと、2〜3日で完治します。その間、ランニングは控えるようにしてください

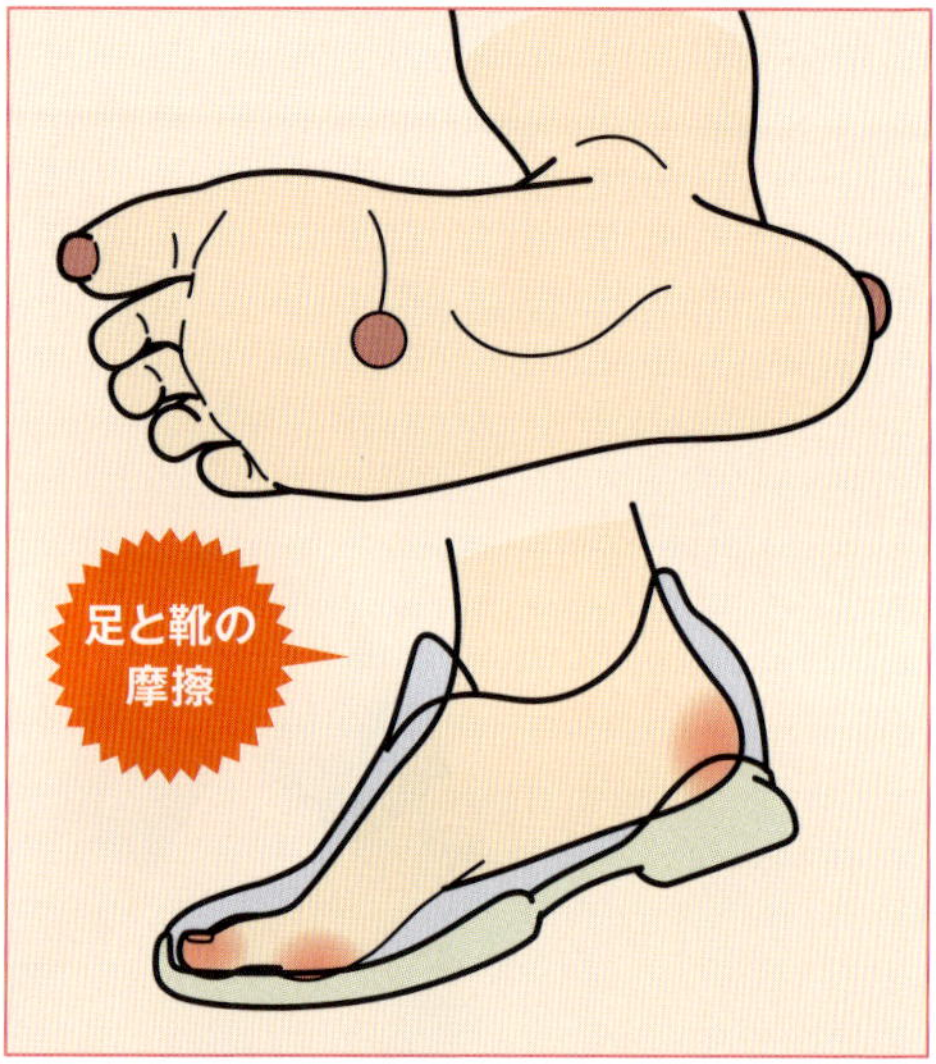

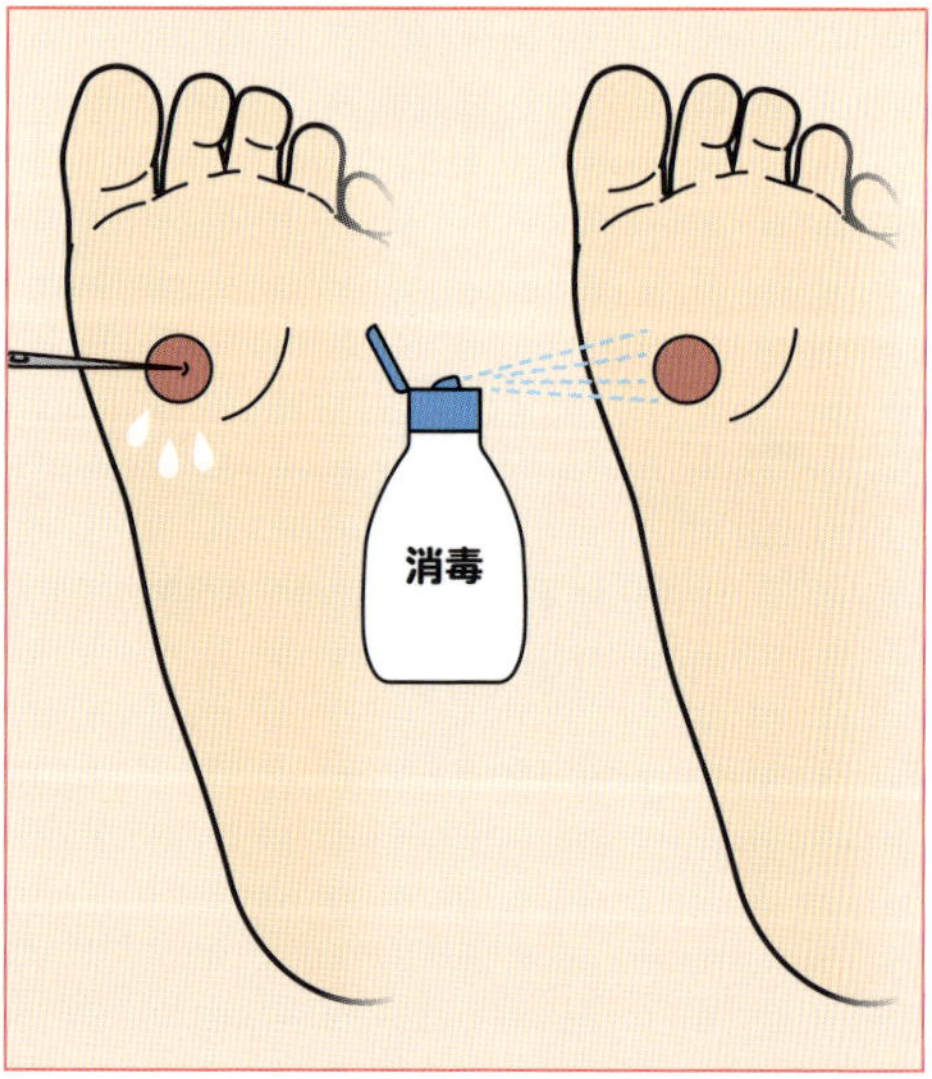

［ 障害と対処法❷ ］

ひざ下部の痛み

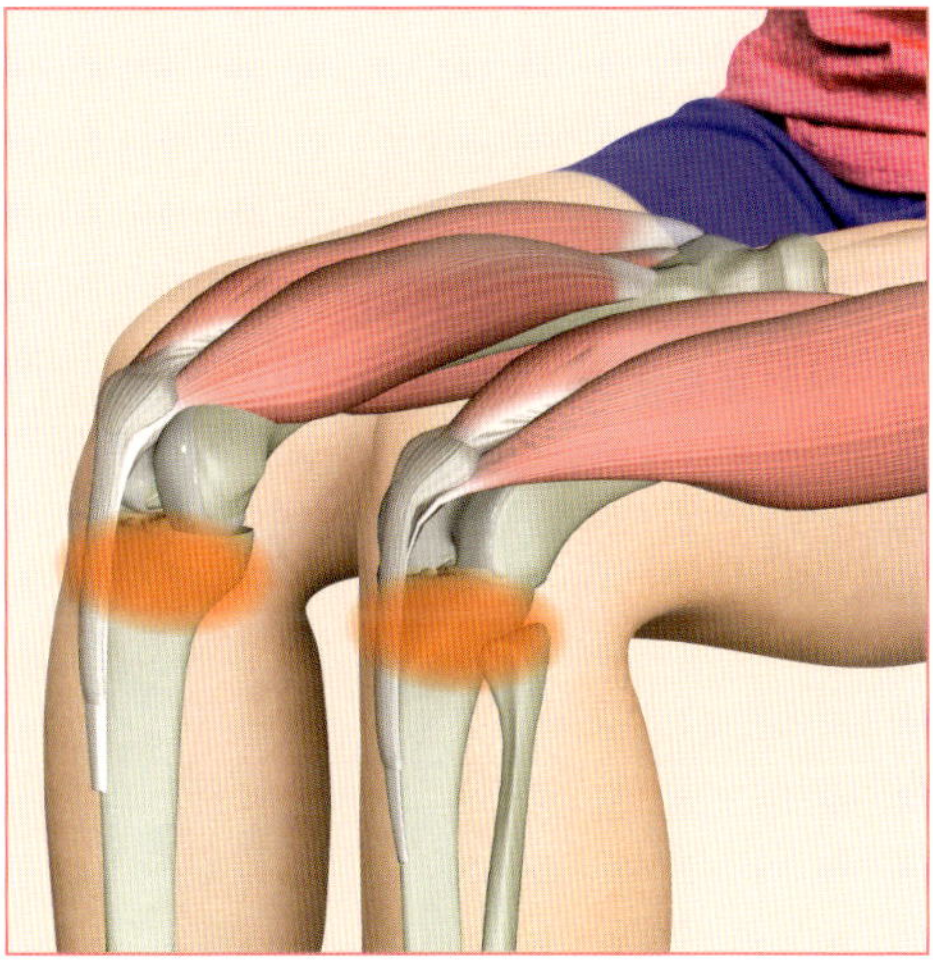

《 こんな症状、出ていませんか 》

着地の衝撃に脚が耐えられなくなると、この部位に痛みを感じます。初級者のほとんどがこの痛みを経験することになります。しかし、しばらく走って筋力がついてくれば痛みを感じることはなくなるので、あまり深刻に考える必要はありません

対処法

筋力不足が原因です。なるべく早くこの痛みを感じないで走れるようになりたいなら、筋トレとランニングを並行するとよいでしょう。また走る距離を短くしたり、いつものペースよりもゆっくり走ったりして、脚にかかる負荷をコントロールすれば､痛みは和らぎます

［ 障害と対処法❸ ］

ひざ皿の奥の痛み

《 こんな症状、出ていませんか 》

ここに鈍い痛みを感じる場合は、太ももの前面がパンパンに張ってしまい、そこの筋肉がひざの皿の奥にある腱を引っ張っているからです。上級者になると、同じ部位に鋭い痛みを感じることもあります。これは激しい練習によって、ひざの皿の奥にある骨が神経を刺激することで起こります

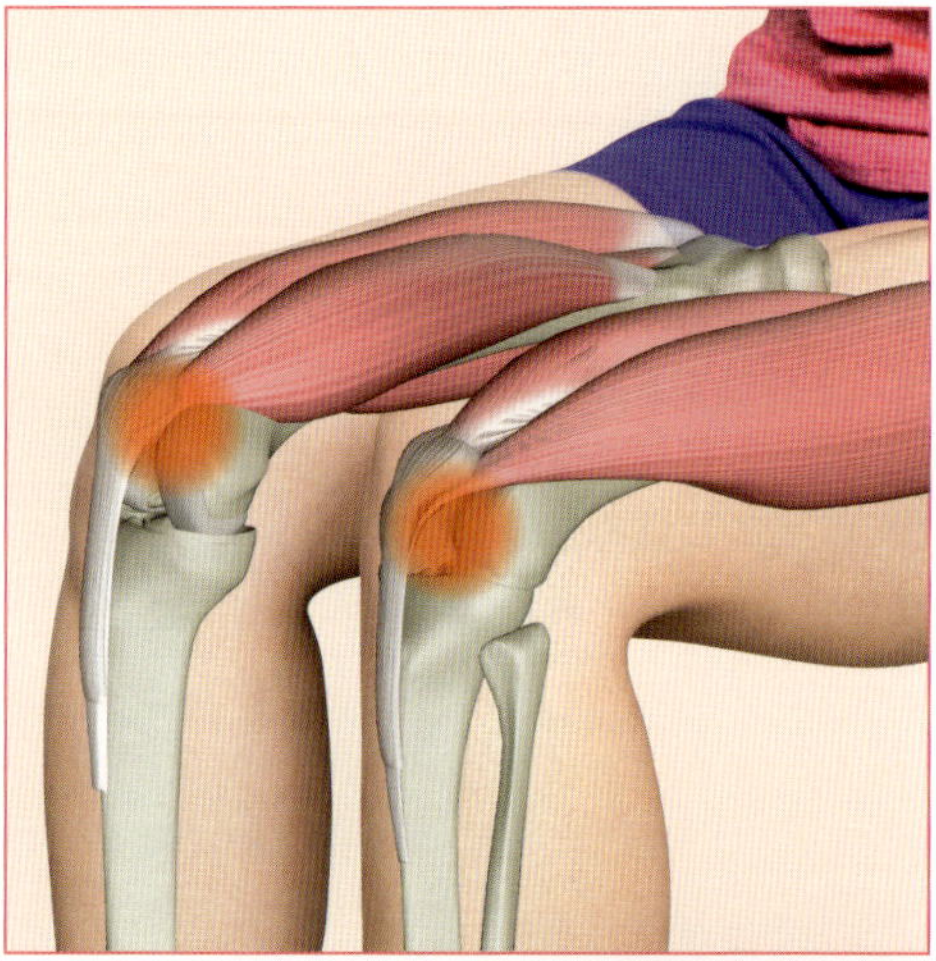

対処法

フルマラソンを完走できるランニング上級者が鋭い痛みを感じたときは、すぐに走るのをやめて、念のため病院で診察を受けてください。鈍い痛みを感じる場合は、太ももの前面の筋肉を133ページのマッサージ法でほぐしてください

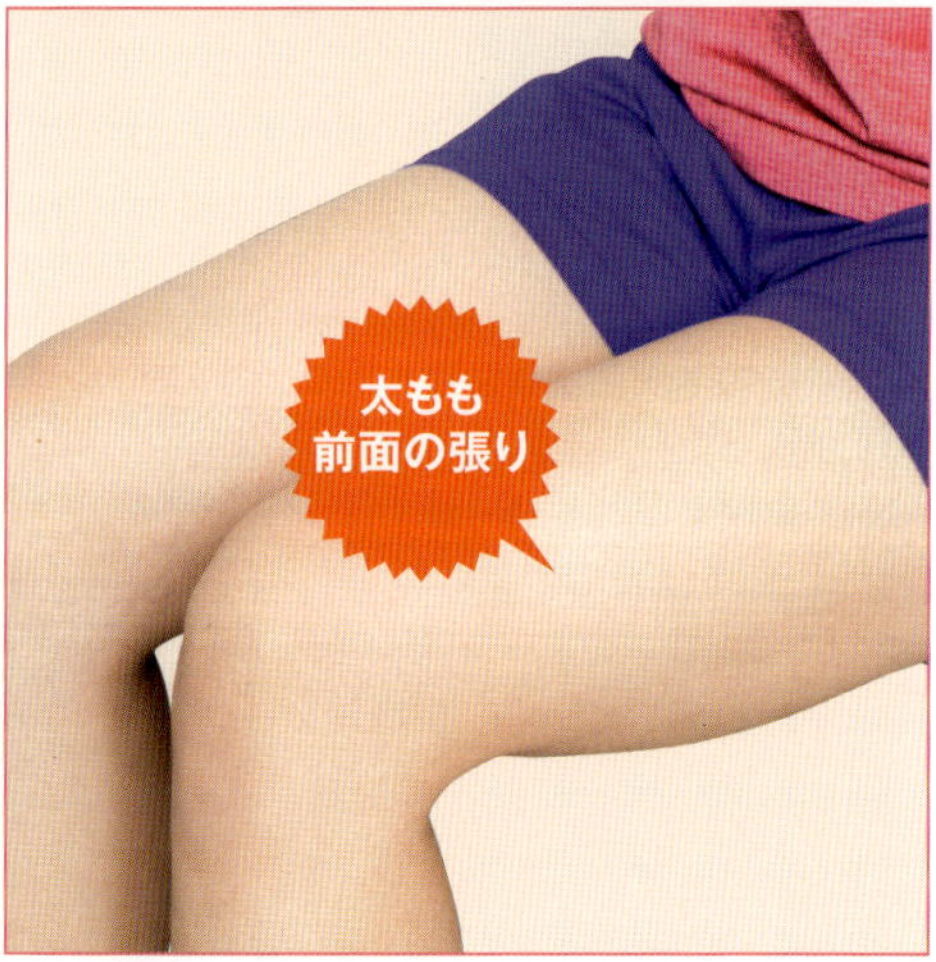

［ 障害と対処法④ ］

ひざの外側の痛み

《 こんな症状、出ていませんか 》

ランナーズニーとも呼ばれる障害で、太ももの側面の少し下にある筋肉が張ることで起こります。しばらくランニングから離れていて、再び走り始めたときに痛みを感じるケースが多いので、あいだが空いてしまったときは、軽いメニューで脚筋力を元に戻してから、目的の練習に取り組むようにしてください

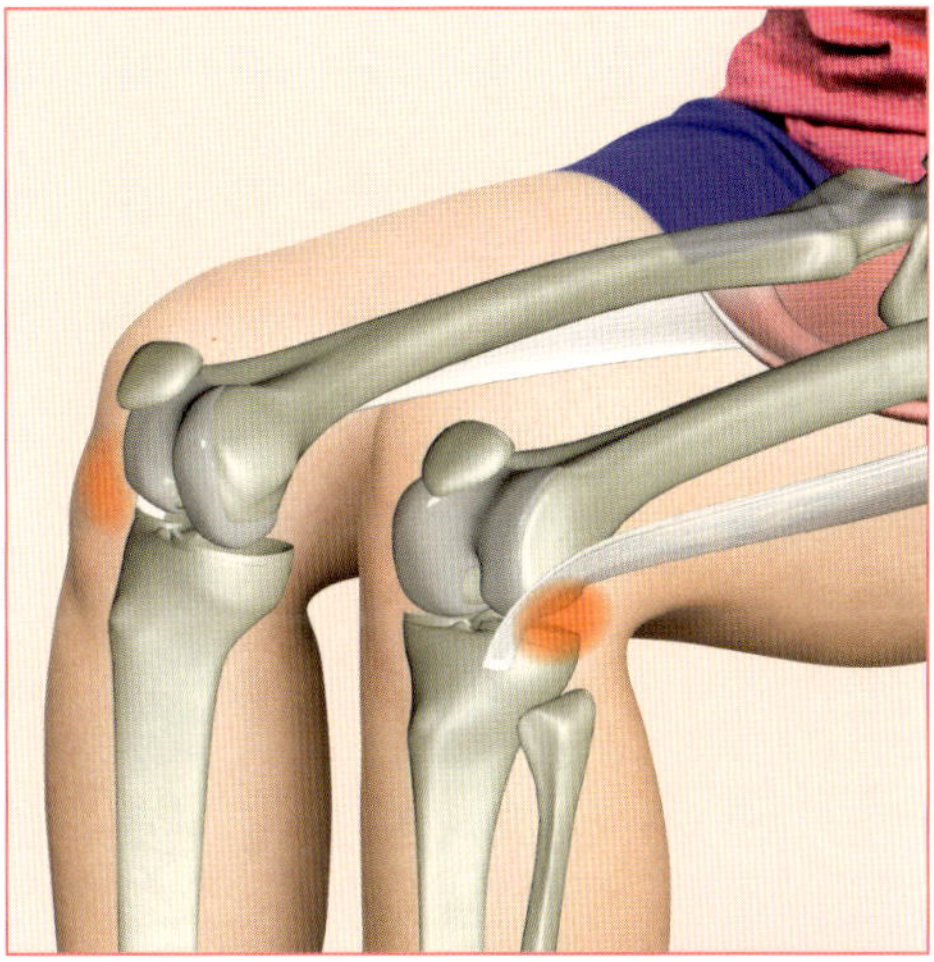

対処法

太もも外側の少し下あたりを触っていると、ピンと張っている部分を探りあてることができます。そこをマッサージでほぐしてください

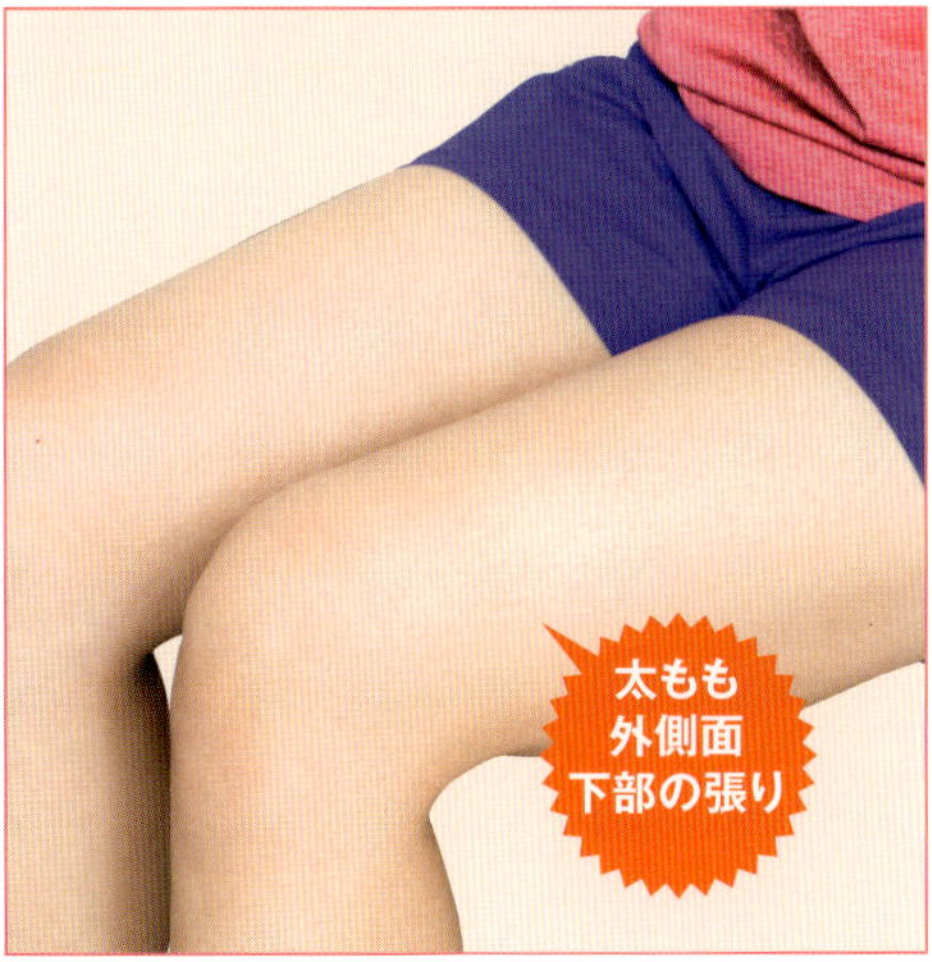

［ 障害と対処法❺ ］

アキレス腱の痛み

《 こんな症状、出ていませんか 》

痛みの原因は、アキレス腱自体から発生しているのではなく、ふくらはぎの筋肉が張り、アキレス腱を引っ張ることで生じます。ふくらはぎの筋肉を使いすぎる要因は、足首を返すことで推進力を得ようとして、足で地面を蹴りすぎている場合などが挙げられます。ほかのスポーツ経験があるランニング初級者に多く、正しいフォームを身につけていないのに、体力があるためにスピードを上げすぎてしまうことが原因です。そうすると、アキレス腱は毎回炎症を起こすことになってしまうので、まずは正しいフォームを身につけましょう

対処法

ふくらはぎをマッサージしてコリをほぐしたあと、足首のアイシングを行うのがもっとも効果的です。アキレス腱を伸ばすストレッチが有効と思われがちですが、炎症を悪化させる恐れもあるので避けましょう

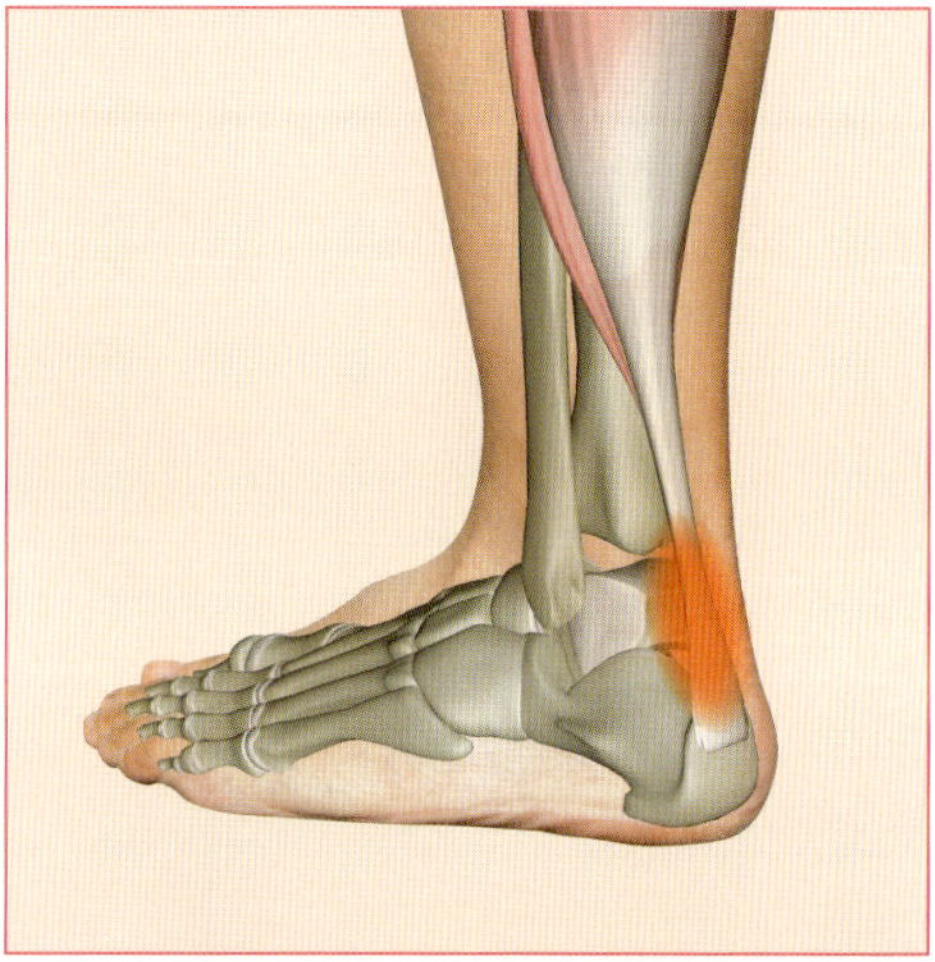

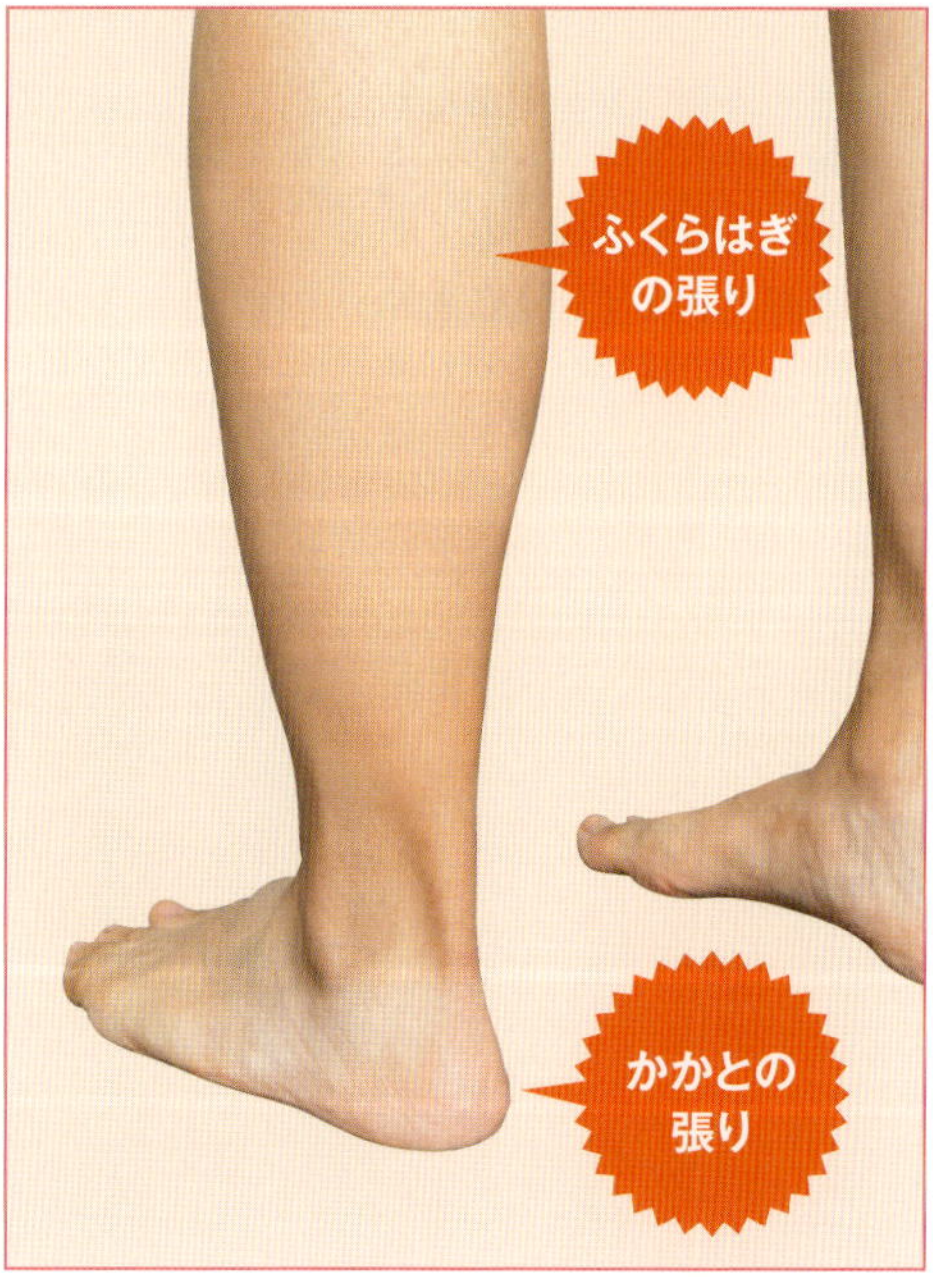

［ 障害と対処法❻ ］

足の裏（土踏まず）の痛み

《 こんな症状、出ていませんか 》

長い距離を走れる上級者に多い障害です。アーチ状になっている足の裏ですが、長い距離を走っていると徐々に土踏まずが落ちてきて、痛みが伴います。ただし初級者でも、足の裏全体（ベタ足）で着地してしまうと痛みを感じることがあります

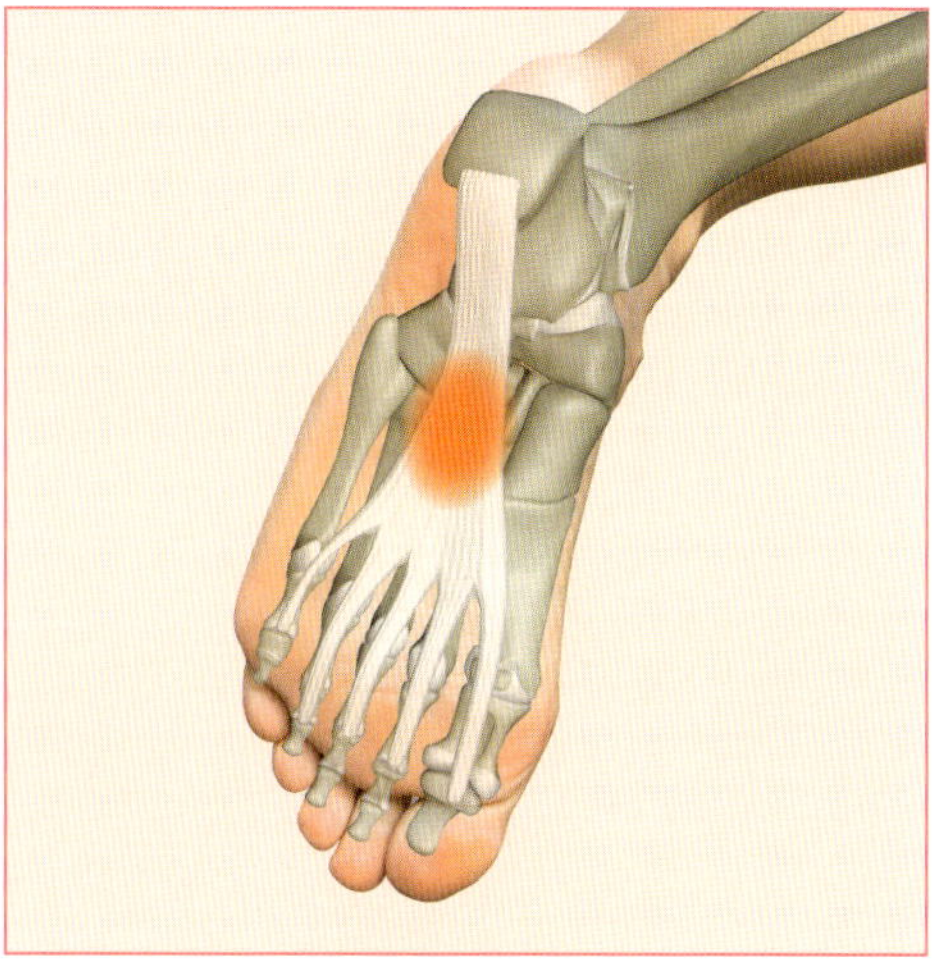

対処法

土踏まず周辺の筋肉が凝りかたまっているので、そこをしっかりとマッサージしてください。筋肉がほぐれれば再びアーチが戻り、痛みも解消されます。走り始めたばかりなのに足裏が痛む人は、正しい着地で走る（57ページ参照）ようにしてください

［ 障害と対処法❼ ］

足の甲の痛み

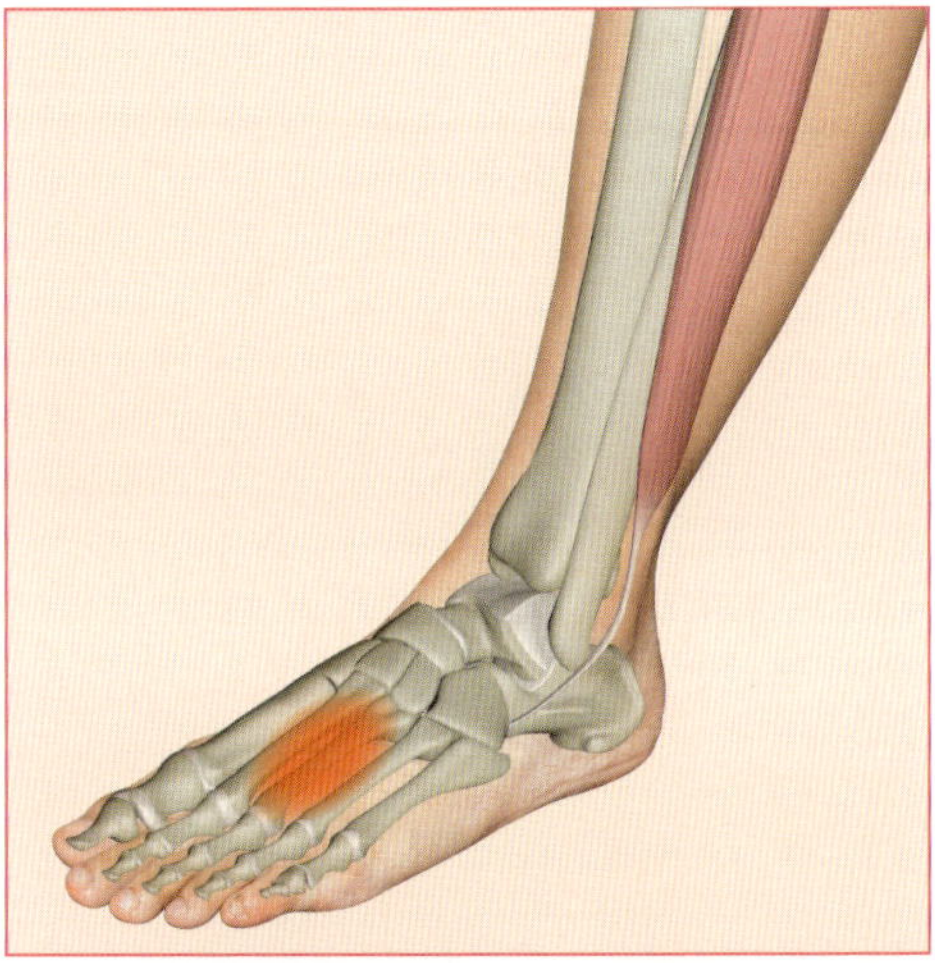

《 こんな症状、出ていませんか 》

路面の固いところを走りすぎると、足の甲にあるいくつもの細かい骨が着地の衝撃でズレて、足の甲の腱を痛めてしまいます。また足の裏の痛み（143ページ参照）と同様の原因で起こることや、靴ひもをきつく締めすぎたために痛みを感じることもあります

対処法

痛みを感じたら、すぐに靴ひもを緩めてください。足の裏や靴ひもが原因だった場合は、翌日には痛みが引きますが、固いところを走って腱を痛めたときは、速効性のある対処法はありません。アイシングしながら、触っても痛くなくなるまで走るのを休みましょう

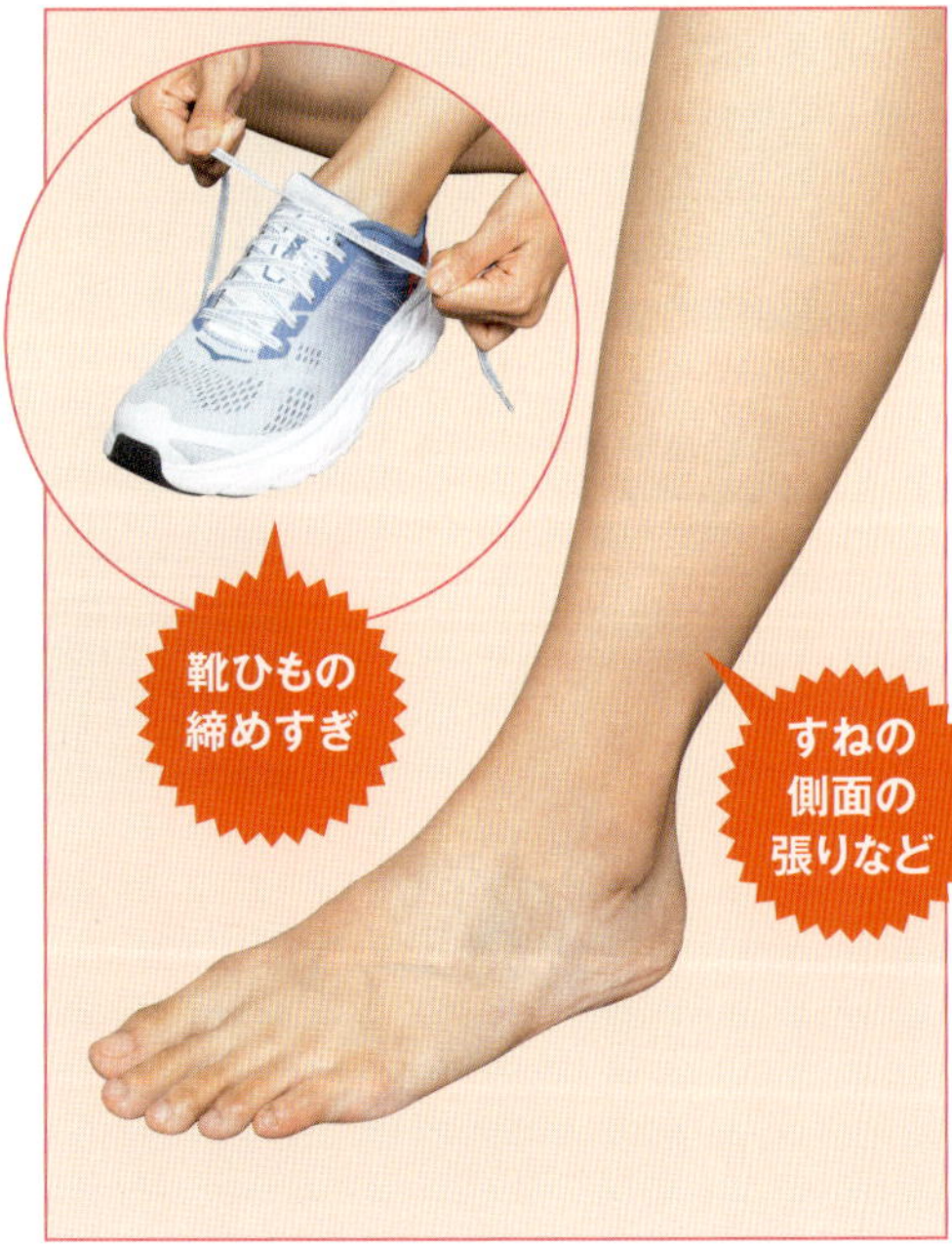

[障害と対処法 8]

すねの痛み

《 こんな症状、出ていませんか 》

すねの内側の痛み（シンスプリント）は、初級者ならだれもが経験することです。ひざ下部の痛みと同様に、走るための筋力が不足していることで痛みます。すねの中央からやや外側の、筋肉がある部分が痛む場合は、足の力で蹴り出して走っていることが原因です

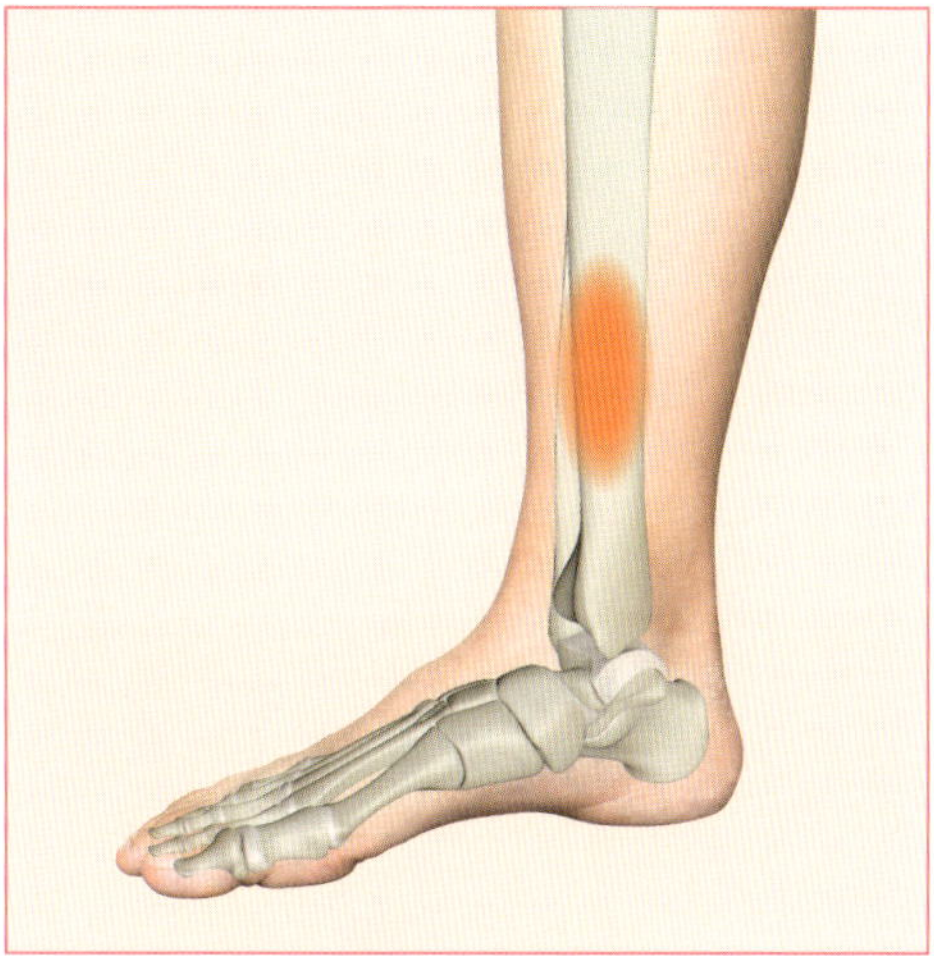

対処法

休めば痛みは引くので心配ありません。走ることで筋力がついてくれば、痛むこともなくなります。筋肉が痛くなる人は60ページを再読し、足首の力を抜いて走る術を身につければ解消されます

［ 障害と対処法❾ ］

腰や股関節の痛み

《 こんな症状、出ていませんか 》

初級者は腰が、上級者は股関節が痛みます。初級者の腰の痛み(76ページ参照)は、フォームの乱れが原因です。肩甲骨や上半身の使い方を見直しましょう。

上級者になると股関節に痛みを感じる場合もあります。スピードが上がって骨盤がダイナミックに動くため、骨盤を動かす筋肉が疲労し動きにくくなることで起こります

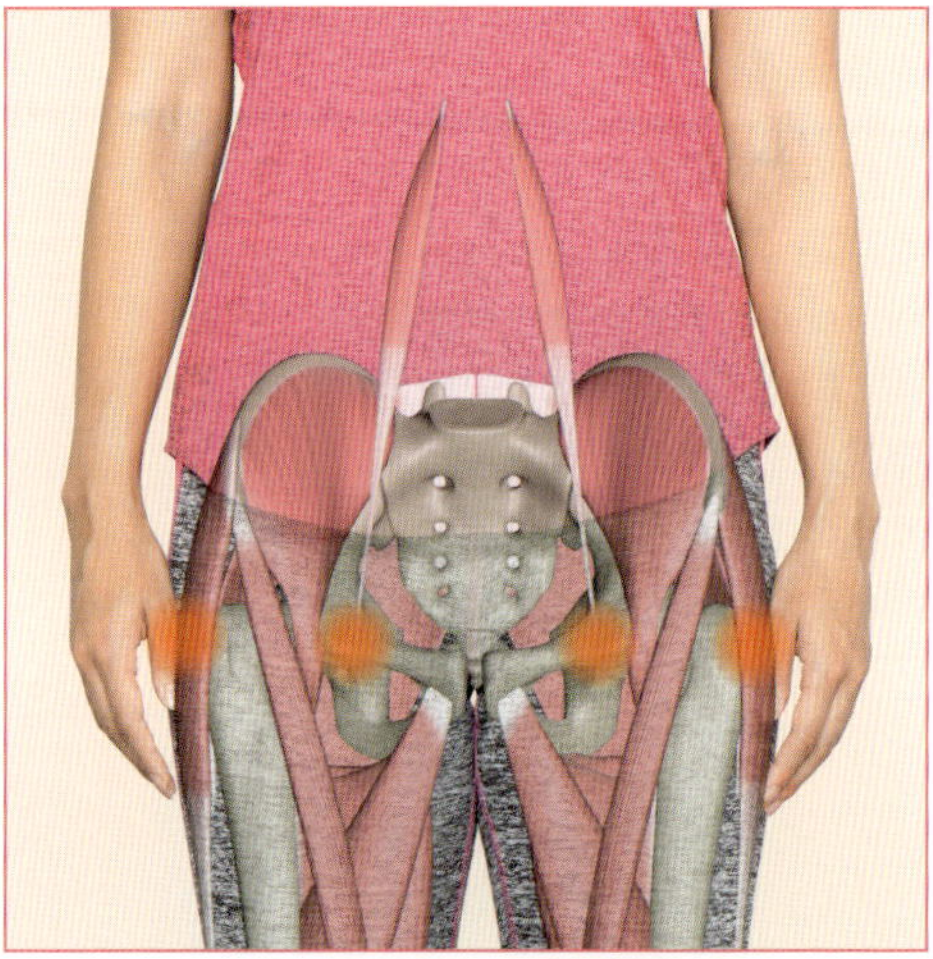

対処法

骨盤まわりの筋肉は複雑にからみ合っているので、その状態が悪化するととても治りにくい障害になります。

股関節に違和感を覚えたらすぐに走るのをやめ、太もも内側とその周辺の筋肉をしっかりとほぐし、アイシングをして悪化しないように対処しましょう

［ 障害と対処法⑩ ］

背中や胸の痛み

《 こんな症状、出ていませんか 》

背中や胸が痛くなるのは、呼吸が原因です。ランニング中に荒く激しい呼吸を繰り返すことで、横隔膜や背中の筋肉が緊張してしまい、痛みが発生します。また呼吸により肋骨間の神経が圧迫されて、胸が痛くなることもあります

対処法

整理運動で背中のストレッチをしっかり行いましょう。それでも痛みが取れない場合は、ゆっくりとぬるめのお風呂につかって筋肉をほぐしてください。また走っている最中に痛みを感じたときは、少しペースを落としてゆっくり深呼吸をしながら走ってみてください。ほとんどの胸の痛みは、これで解消されます

RUNNER'S BODY CARE 5

ランニングを始めると、さまざまな**変化**が楽しめる

ランニングやウォーキングは、だれでも簡単に始められる運動なので、最初は感覚の変化や成長に気づきにくい部分があるかもしれません。

しかし本書で述べてきたことを実行していれば、たとえ少しずつでも、確実にレベルアップしていきます。もちろん**ランニングのテクニックだけでなく、健康や美容の面でも変化は表れる**のです。

ランニングを始めて半年から1年がたったころに一度、始める前と今の自分を比べてみてください。徐々に変化しているとなかなか気づきませんが、半年単位、1年単位で考えると、そこにはガラリと変わった自分の姿を見出せるかもしれません。

美容、健康、ダイエット目的でランニングを始めた人は、最初のころの自分の姿を動画や写真に収めておくとよいでしょう。その変化に、驚きと喜びを必ず味わえます。

またその驚きや喜びが、さらに続けていくための原動力になるのです。

生活スタイルにも変化が

ランニングが生活の一部に加わると、快適に走るために自然と食事や休養の取り方などに
気を配るようになります。忙しい中でも朝食を摂るようにしたり、
コンビニ弁当を定食屋に替えたり、仕事中にカラダを動かす時間を見つけたりと工夫し、
少しずつ改善しています。この人の場合は、休日の昼ごろに1時間走る時間を取るとよいでしょう

ランニングを始める前（平日）

7:00	起床、出勤準備、朝食
8:00	出社（バス＋電車）
9:00	始業
12:00	昼食（コンビニ食または外食）
13:00	仕事
15:00	デスクでおやつ
19:30	退社
20:30	帰宅。夕食準備
21:00	夕食、 夜おやつ＋テレビ
23:00	入浴
24:00	就寝

ランニングを始めた後（平日）

6:30	起床、出勤準備、弁当準備、 朝食（前日に残業のない日は 6時起きで30分ジョグ）
8:00	出社（バス＋電車）
9:00	始業
12:00	昼食（弁当、または外食）
13:00	仕事
17:30	補食（コンビニのおにぎり またはプロテインバー）
20:00	退社。朝走らない日は 途中駅よりジョグ（20 ～ 30 分） またはウォーキング（45 分）
21:00	帰宅、夕食準備 軽めの夕食、テレビ
22:30	入浴、ストレッチ
24:00	就寝

Kin's RUNNING CLINIC

長期間続けていくにはコツがある

5年、10年、20年とランニングを続けていくためのコツはただひとつ。走っていて“楽しい！”と思うことです。その思いさえ途切れなければ、ランニングは生涯の趣味になります。

そして動くことは、最大のアンチエイジングになります。もし本書をきっかけにランニングを始めたのであれば、数十年後も若々しい姿で同じ道を走り続ける自分を想像してみてください。そのイメージを持つだけでも、ランニングは楽しくなってきますよ。

COLUMN 4

ランニング仲間をつくれば、もっと楽しくなる!

ひとりではなく、大勢で走ればもっと楽しくなります。自分が走っているコースでよく顔を合わせる人がいるなら、その人にあいさつをしてみましょう。たったそれだけのことでも気分は晴れやかになり、毎日のランニングがより楽しくなります。また走友会と呼ばれるランニングサークルは、全国各地に多数存在しています。もしひとりで走るのが寂しくなったときは、サークルに参加してみるのもよいでしょう。プロのコーチが指導する有料のランニングクラブもあります。「ランニングが趣味」という仲間の中に身を置けば、友人どうしで切磋琢磨できますし、なによりひとりよりも数倍楽しく走ることができます。インターネットなどで探せばすぐに見つかるので、調べてみましょう。

APPENDIX
付録

レースに参加する❶

自分と同じ目標をもつ参加者を探してみよう

レースの楽しみ方は、人によってさまざまです。お祭りのように楽しい雰囲気を堪能するために来ている人、好タイムをめざしてやって来る人、そして本気で優勝をねらいに来る人などなど。

とにかく、そこには十人十色の楽しみ方があります。

ですからレース中に、自分と同じような走力レベル、同じような気持ちで参加している人を探してみましょう。はじめてのレース参加で不安な気持ちだった人も、きっと心強く感じることでしょう。

また、自分と同じレベルのランナーとデッドヒートを繰り広げたり、励まし合いながら完走をめざしたりする光景もよく見かけます。

なんといっても、そこに集まっているのは皆さんと同じランニングが大好きな人ばかりです。レースはみんなが幸せに、楽しく過ごす〝お祭り〟なのです。ぜひレースに参加して、もっとランニングを楽しんでみてください。

（写真左上）カラフルなレースウエアで埋め尽くされるマラソン大会のスタート地点。壮観です（上）筆者もシーズン中は月1でフルマラソンの大会に出場しています。競技者やコーチとしてではなく、一ランナーとして走る今、レースを心から楽しんでいます（左）国内外問わず、走りながらその土地の観光名所を巡り、自然を満喫したり、地元の人と触れ合ったりという楽しみを味わえるのも、マラソン大会の魅力です

レースに参加する❷

まずは完走をめざしてレースを走ろう

レースに出るからには、目標を立てたほうがテンションも上がり集中もできます。まずは完走をめざしましょう。完走できたら次は、前回よりも早いタイムで走ることを目標とするのもいいでしょう。これで、いつまでも新鮮な気持ちでレースに参加し続けられます。

レースの距離は5㎞からフルマラソンまでさまざま。いきなりフルマラソンに挑戦するのは不安という人は10㎞レースやハーフマラソンあたりからチャレンジしてみましょう。

また、仮装マラソンやリレーマラソンなど、遊び感覚で楽しめるレースもあります。自然との触れ合いが好きな方はトレイルランにチャレンジしてもいいでしょう。旅好きな方なら海外マラソンもオススメです。走りながら観光名所を回れたり、地元の人とも触れ合えたりと、たくさんの楽しみが待っています。

インターネットで調べたり、自治体に問い合わせたりして、自分のレベルに合ったレースを探してみましょう。

［ おもなレースの種類 ］

**レースは自治体が開催していることが多く、
その距離は5kmからウルトラマラソンまで様々です。インターネットの情報サイトや
ランニングの専門誌などで調べてみましょう。**

ウルトラマラソン	フルマラソンよりも長い距離を走る大会。 100kmが定番
トレイルランニング	舗装された道路以外の山野を走る山岳レース。 略して“トレラン”
フルマラソン	市民ランナーからの人気がもっとも高い 42.195kmのロードレース
ハーフマラソン	フルマラソンの半分の距離、 21.0975kmを走るロードレース
親子ラン・ ファミリーラン	親子で走るレース。 おもに小学生以下の子どもとその親が対象
リレーマラソン	駅伝のようにチームでタスキをつないで走る。 距離制・時間制がある
ファンラン	仮装ランなどイベント性の高い、 楽しむことが目的のランイベント
海外マラソン	憧れのオリンピックコースを走る、 観光を兼ねる、などの楽しみ方ができる

レースに臨むために取り組むこと

レースの不安 Q&A

「レースは楽しい」といっても、
はじめてなら緊張するものです。
レース前に感じる不安を
あらかじめ解消し、少しでも
緊張の元を打ち消しておきましょう。

Q 当日は、何時間前に会場入りしたらいい?

A 最低でも2時間前には会場入りして、準備運動(18～32ページのウェイクアップ・メソッドを参照)などでカラダを温めておくようにしましょう。

もちろんレースはみんな楽しみに来る場所ですから、もっと前にレース会場に入り、その雰囲気を存分に味わっておくのもいいと思いますよ。

Q レース日の服装で気をつけたいことは?

A 天候の変化に対応できる服装が大切です。特に寒さ対策を怠ると、走っているあいだに低体温症になる危険があります。実際、気温の低い冬のレースでは、リタイアする人が多いのです。汗をかいたカラダが冷え切ってしまわないよう薄いウインドブレーカーを携帯。スタート地点では着用し、暑くなったら脱ぎます。また、レース中にスピードが落ちて寒くなったり、雨や雪が降ったり強い風が吹いたりしたら、サッと羽織る。ビニール袋をかぶってもよいです。

Q レースにエントリーするにはどうすればいい?

A レースはほとんどが事前登録しないと参加できません。エントリー方法については、前もって調べるか、直接問い合わせておきましょう。

レース前に、本番のシミュレーションをしてみましょう!

Q どんなものを持っていく?

A 長いレースなら、シューズ、ウエアのほかに、下記のものを用意しましょう。

ウエストポーチ	小物を入れる
タオル	顔の汗を拭くためのハンドタオル
ティッシュペーパー	トイレに入るときのため
キャップ	日差しが強いときを考えて
ワセリンなどのオイル類	マメができたときの応急処置用
絆創膏《ばんそうこう》	すり傷の応急処置のほか、 ウェアで乳首がすれることを防ぐためのニップレス用
少額のお金	レース後のドリンク購入など、いざというときのために用意。 ビニール袋に入れて保管
防寒用ビニールやウエア	冬のレースの必需品。スタートまではこれを着て防寒。 ポーチに入るぐらいに小さくたためるもの
塩飴	フルマラソンを走るときは持っていると安心。 エネルギー源と発汗によって失われた塩分を補給できる
胃薬・痛み止め	レース中、疲れが胃にきて胃痛を起こしたり、 着地の衝撃で脚が痛くなったりして走れなくなる人も多い。 痛みが重くなるとつらいので、持っていると安心
エネルギー補給用サプリメント	レース直前に食べるなら、バナナがよい。 また、レース用サプリメントはすぐエネルギーに変わる。 小さい食べものも、念のために持っていくとよい

レースの不安 Q&A

Q レース当日の食事はどうすればいい？

A 食事を摂る時間は、自分の目標タイムに合わせて決めます。トップアスリートやフルマラソンを２時間半から３時間で走る人は、スタート時間から逆算して、４～５時間前に食べますが、５～６時間で走る人は同じタイミングで食べてしまっては、レース中にお腹が空いてしまいます。だいたいスタートの２時間前に、消化がよく、血糖値を急激に上げない、おにぎりや餅といったでんぷん質のものを食べましょう。今、国内レースはエイドステーションが充実しています。「空腹でガス欠になったらどうしよう」とそれほど心配しなくて大丈夫です。

Q レース中の飲み物はどうすればいいの？

A フルマラソンなどの長いレースでは給水所が用意されているので、それを利用しましょう。短いレースでは用意されていないところが多いので、どうしても水が必要だと思う人は、ペットボトルを持参するしかありません。

ただしペットボトルの重みが走りに悪影響を及ぼすこともあるので、10km程度ならなにも飲まずに走れるようになっておいたほうがよいと思います。

Q リタイアしたいときはどうするの？

A 勝手にやめてはいけません。コースのあちこちに係員がいるので、その人にリタイアする旨を伝えましょう。

Q トイレに行きたくなったらどうする？

A コースの途中に仮設トイレが用意されているので、それを利用しましょう。レース前は、とくにトイレが混雑することも考えられるので、トイレはなるべく早めに済ませておきましょう。

Q
レース中に疲れない呼吸法はある?

A レース中に限らず、呼吸は吸うことよりも吐くことに意識を向けてください。「ハッハッハッ」という短く荒い呼吸だと、カラダが緊張して硬くなりやすいうえに、取り込める酸素が少なくなるので疲れが大きくなります。

また「2回吸って2回吐く」とよくいわれますが、それでもまだ呼吸が浅くなりがちです。時々「ハァー」と深呼吸するように、大きく息を吐きましょう。

Q
レースに参加する前にたくさんの人と走ってみたい

A 私もコーチとして参加している練習会があります。詳しくは、ニッポンランナーズ多摩のホームページをご覧ください。

●ニッポンランナーズ多摩
https://www.nrtama.com

Q
練習でどのぐらいの距離を走れるようになったらフルマラソンにチャレンジしてもいい?

A ハーフマラソンの距離、21㎞を連続して走れたら、フルマラソンの距離も完走できます。また、この距離を3時間で完走することが、制限時間内にゴールできるか否かの目安です。国内の大会では最長制限時間は7時間。ハーフの距離を2時間40〜50分でゴールすれば、倍にして6時間弱。そうすると途中で脚が痛くなり歩いたとしても、ギリギリ7時間以内で完走できます。21㎞は4時間で歩ける距離なので、走ったり歩いたりでも3時間以内で完走できるでしょう。

いろいろなレースに
積極的に参加して
みましょう!

著者

金哲彦　きん てつひこ

1964年生まれ。福岡県北九州市出身。プロフェッショナル・ランニングコーチ。NPO法人ニッポンランナーズファウンダー。中学時代から本格的に長距離走を始める。八幡大学付属高等学校を卒業後、早稲田大学教育学部に進学。競走部に入り、箱根駅伝では1年生から４年連続で５区「山登り」を走り、２度の区間賞を獲得。卒業後リクルートに入社し、リクルートランニングクラブを設立。92年コーチに、95年監督に就任。2001年、NPO法人ニッポンランナーズを設立。一般市民ランナーやプロアスリートの指導にあたっている。テレビやラジオの駅伝・マラソン中継の解説者としてもおなじみ。「ラン×スマ(NHK)」にレギュラー出演中。

〈著書〉

『実践・体幹ランニング　DVD付き　確実に速くなる！』（講談社）、『金哲彦のマラソン練習法がわかる本』（実業之日本社）、『金哲彦のウォーキング＆スローラン』（高橋書店）など

走りがグンと軽くなる

金哲彦のランニング・メソッド　完全版

著　者　金　哲彦

発行者　高橋秀雄

発行所　**株式会社 高橋書店**

〒170-6014 東京都豊島区東池袋3-1-1 サンシャイン60 14階

電話　03-5957-7103

ISBN978-4-471-14215-5　©KIN Tetsuhiko　Printed in Japan

本書の内容についてのご質問は「書名、質問事項（ページ、内容）、お客様のご連絡先」を明記のうえ、郵送、FAX、ホームページお問い合わせフォームから小社へお送りください。
回答にはお時間をいただく場合がございます。また、電話によるお問い合わせ、本書の内容を超えたご質問にはお答えできませんので、ご了承ください。本書に関する正誤等の情報は、小社ホームページもご参照ください。

【内容についての問い合わせ先】

書　面　〒170-6014 東京都豊島区東池袋3-1-1 サンシャイン60 14階　高橋書店編集部

ＦＡＸ　03-5957-7079

メール　小社ホームページお問い合わせフォームから　（https://www.takahashishoten.co.jp/）

【不良品についての問い合わせ先】

ページの順序間違い・抜けなど物理的欠陥がございましたら、電話03-5957-7076へお問い合わせください。
ただし、古書店等で購入・入手された商品の交換には一切応じられません。